# ホスピタリティ産業論

飯嶋　好彦・内田　　彩・黒崎　文雄
佐々木　茂・徳江順一郎・八木　京子［著］
安宅真由美・渡邉　勝仁

創 成 社

# はじめに

　東洋大学国際観光学部の歴史は，1959（昭和34）年に社会学部社会学研究所に「ホテル講座」が設置されたことに遡る。本講座はやがて発展的に改組され，1963（昭和38）年，観光学を教授する日本初の高等教育機関として，短期大学部（当時）に観光科が設置されるに至った。1966（昭和41）年には東洋大学短期大学観光科，1970（昭和45）年にはホテル観光学科，1983（昭和58）年には観光学科と改称されている。

　2001（平成13）年には群馬県の板倉キャンパスに移転し4年制大学となり，国際地域学部国際観光学科となったが，2009（平成21）年に白山第2キャンパス（当時）に移転，2013（平成25）年に白山キャンパスに移転し，2017（平成29）年に独立して国際観光学部となった。

　2021（令和3）年には4年制大学となって20周年，2023（令和5）年には短期大学部に観光科が設置されて60周年を迎えるわけだが，この長い歴史を通じて，ホスピタリティ産業に向けた人材育成に注力し続けてきた。例えば，ホテルや旅館での実習は連綿と続けられてきており，コロナ禍においても，そうした経験を評価された学生がホスピタリティ産業に多数巣立っていった。

　学部化から4年を経た2021（令和3）年にはカリキュラムの改訂があったが，ホスピタリティ領域では，1年次に「ホスピタリティ概論」，「ホスピタリティ産業論」をそれぞれ配当している。これを踏まえて2年次からはホテル，旅館，ブライダル，テーマパーク，エアラインといった各産業の理解を目指す科目，そしてマーケティング論や人的資源論といった理論を深める科目を配置した。本書は，こうした各産業や理論を学ぶ基盤を確立するための1冊ということになる。

　第1部ではホスピタリティ産業論のフレームワークを提示し，第2部ではず

ばりホスピタリティ産業について，それぞれの産業の特性なども含めて論じている。第3部では，必ずしもホスピタリティ産業とはいえないかもしれないが，サービスを提供するプロセスにおいてホスピタリティが重要であり，今後はホスピタリティ産業とみなされる可能性が高いと思われる領域について説明した。そして，第4部では，ホスピタリティ産業論の応用的適用，そして将来について検討している。

ただし，ホスピタリティ概念に統一的な定義がなされていないのと同様，ホスピタリティ産業に関しても，例えばどの産業が含まれるかといった枠組みからして，コンセンサスが取れているとはいいがたい。本書も，関連する科目を担当する複数の教員で何度も話し合い構成を検討したが，これが完成形であるとは考えていない。とはいえ，ホスピタリティ産業と関連する諸産業について理解するには，十分な内容を示せたと自負している。

コロナ禍を経て，これからの観光，ホスピタリティも大きな変化が求められることになるだろう。しかし，しっかりと基礎を知っておくことで，表面の変化にも十分に対応できる下地を作ることが可能となる。そういった意味でも，本書がわが国の観光立国実現に向けて，ホスピタリティ産業の発展にお役に立てるのであれば望外の喜びである。

2021（令和3）年8月

著者一同

# 目　　次

第 **1** 部

# ホスピタリティ産業論とは

# 第 *1* 章

# ホスピタリティ産業論への
# アプローチ

## 1. 観光とホスピタリティ産業

### （1）観光立国への志向

　わが国は，世界でも類のないほど急速に少子高齢化社会へと向かっている。2052 年には 1 億人程度にまで人口は減少し，2065 年には 9 千万人を割り込み，総人口の 4 割近くが 65 歳以上になると予測されている。

　こうした状況を背景として，定住人口 1 人分の年間消費額が，8 名程度の外国人旅行者による消費で満たせるといった経済効果の高さや，そこから幅広い産業へ波及効果が広がるといった点から，わが国は観光立国を目指していくことになったのは周知のとおりである。2003（平成 15）年，小泉内閣の時代に「ビジット・ジャパン・キャンペーン」がスタートし，2006（平成 18）年には「観光立国推進基本法」が成立した（1963（昭和 38）年制定の観光基本法を全面改正）。2008（平成 20）年には観光庁が発足，2013（平成 25）年には安倍内閣のもとで観光立国推進閣僚会議が設置，そして「明日の日本を支える観光ビジョン構想会議」の開催（2015（平成 27）年），「明日の日本を支える観光ビジョン」の決定（2016（平成 28）年），「観光立国推進基本計画」の決定（2017（平成 29）年）など，政策面からも矢継ぎ早にアクションが起こされ，観光立国を目指して進

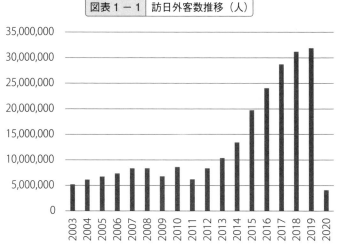

図表 1 - 1 ｜ 訪日外客数推移（人）

出典：日本政府観光局調べ。

んできたのである。

　事実，この間に，リーマンショックや東日本大震災など，観光に甚大な影響を及ぼす事態も発生したが，訪日外国人は増加の一途をたどり，2018（平成30）年には3,000万人を突破するまでになった。本来であれば，2020（令和2）年には4,000万人，2030年には6,000万人という目標も掲げていたが，残念ながら新型コロナウィルスの蔓延により足踏みを余儀なくされている（図表1 - 1）。

　観光は，世界的にみても数少ない成長分野の1つである。市民社会が成立し，工業化・商業化が進展して資本主義経済が発展したことにより，大衆は余暇を楽しむことが可能となった。人間が生きるために必要な生活必需時間と，仕事や学びなど，社会生活に必要な社会生活時間以外の時間を自由時間あるいは余暇時間というが，世の中が豊かになったことで，この時間の過ごし方が着目されるようになった。いずれの国においても，経済成長が続くことで余暇は広がっていくことになる。こうした流れの延長で，多様なレクリエーションなどとともに観光に脚光が当てられるようになったといえる。

## （2）観光とは

　それでは，そもそも観光とはいったいどのようなものであるのだろうか。前田編（2010）では，以下の2点によって観光の定義としている。

　　・楽しむことを目的とする旅行
　　・旅行とそれにかかわりをもつ事象の総称

　そこで，この2点をもう少し掘り下げて検討したい。

　まず，「楽しむことを目的とする旅行」であるが，これは，「旅行」と「楽しむことを目的」に分けられる。この旅行とは，人間が空間的に移動することであり，少し詳しく述べると，定住地あるいは日常生活圏から再び戻ることを意図して，一時的に他地に移動することとなる。日常生活圏の範囲は，社会構造の変化や交通機関の発達などに影響されるし，当然のことながら人によっても異なる。また，再び戻らないということは，移動して定住することであるから，これは観光ではなく移住ということになる。そして，楽しみが目的であるということは，楽しみは人それぞれであるから，人によって違うということである。これはすなわち，観光でも市場細分化が適用できるということを示している。

　次に，旅行とそれにかかわりを持つ事象とは，旅行を成立させるような社会的・経済的な諸条件を含み，交通や宿泊など，旅行に直接かかわりを持つ事業も包含するものと解することが可能である。

　ただし，ここでの定義によって，完全に二元論的に，例えば「観光かそうでないか」を論じるのは困難である。そもそも，日常生活圏の範囲が曖昧であり状況によっても変化するし，修学旅行や社員旅行（インセンティブ・ツアーなども）が観光でないと言い切ってしまっていいのかどうかは微妙な判断が求められよう。

　一方で，2つ目の要素は，「旅行」が軸となっており，必ずしも楽しみを目的としていない事象も含まれる可能性が残されている。この点から想定されるのは，本義的な「観光」がありながらも，そこから外れる「旅行」も存在し，観光を含む幅広い旅行に対応する事象も「観光」と呼ばれることである。実際，

例えばホテルは観光目的でも利用されるが，出張のビジネスでも用いられる。

　次に，観光にまつわる諸要素についても検討したい。島川（2020）や前田編（2010）をもとに検討すると，観光には大きく以下の3つの要素が関係する。

　　・観光の主体
　　・観光の対象
　　・観光の媒介

　観光の主体は，観光する人そのものである。一般には「観光客」といわれ，学術的には「観光者」といわれることもある。観光の主体がなぜ観光をするかといえば，「観光動機」を喚起されたからである。日常生活圏外にある対象になんらかの形で触れることにより，それを直接観たい，触れたい，といった動機が生じることで観光の主体になる。

　そして，その対象こそが観光の対象と呼ばれる要素になる。これは「観光資源」と「観光施設」とに分けられ，観光動機につながるのは原則として前者である。観光資源は，美しく豊かな自然環境や，数百年前に建築された城など，遠くにあっても接したいと思わせるものが該当する。観光施設は，その資源を生かして観光者の欲求充足に寄与するものであり，自然環境に「便利に」触れるための施設や宿泊施設などが該当する。

　ただし，宿泊施設といっても，一部のリゾートなどのように，そこに滞在することそのものが目的となる場合には，これも観光資源ととらえることができよう。この辺りも二元論的に明確な区分は難しい。

　最後に，観光の主体と観光の対象とを結びつける機能を果たすものが，観光の媒介と呼ばれる。これは，そもそも日常生活圏外にある対象に赴くことが観光であるから，観光の主体と観光の対象との間にある距離を媒介する役割ということになる。移動手段のような物理的媒介と，観光動機の喚起につながるような情報の媒介とに大別できる。物理的媒介である交通機関の発達は，大衆の観光への参加を可能としたし，各種メディアの発達により，遠隔地の情報が容

易に得られるようになり，観光動機が幅広く喚起されることにもつながった。

### （3）観光に対するホスピタリティ産業の影響

　第2章で詳述するが，そもそも「旅人の接遇」といった意味合いを持つ「ホスピタリティ」を冠した産業であるホスピタリティ産業は，当然ながら観光の広まりとともに大きく発展した。しかし，観光とはすなわち遠隔地における「生活」でもあるため，一方で日常生活面にも大いに関わるようになっている。すなわち，生活面における衣食住のうち，「在庫」が利くような「衣」は別として，「食」と「住」に関連する面を中心に，観光の枠外にも展開されていくことになる。

　こうしたことから，ホスピタリティ産業は日常面にもその影響を及ぼすようになっていった。この背景には，経済発展と，それにともなう「経済のサービス化」の影響も大きかった。観光からのみホスピタリティ産業をとらえきれない理由がここにある。

## 2．経済のサービス化とホスピタリティ産業

　著名な経済学者であるセオドア・レビットは，「人々はドリルを欲するのではなく，穴を欲する」，「化粧品店は希望を売る」，「衣料メーカーは服ではなく流行を売る」といった名文句で，マーケティングの本質を射抜いた。事実，われわれは「モノ」を消費しているようにみえて，その実，それが実現してくれる問題解決や，それが満たしてくれるニーズこそを重要と考えている。

　その結果，人々は豊かになればなるほど，生きるために必要なもの，例えば日常の食料品や衣料品にはそれほどお金をかけず，それ以外の要素に財布を向けるようになっていくことになる。

　図表1−2と図表1−3は，わが国における第一次産業，第二次産業，第三次産業の就業者数と就業者比率の推移である。1951年には1,137万人で3割そこそこであった第三次産業の就業者数は，2020年には5,000万人近く，実に4

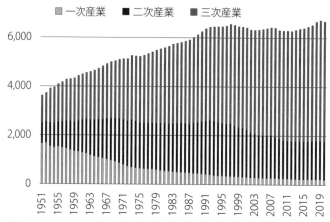

図表1－2　産業別就業者数の推移（万人）

出典：図表1－3とも，総務省統計局「労働力調査」。

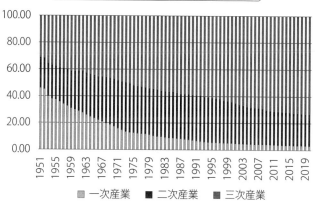

図表1－3　産業別就業者比率の推移（％）

分の3近い状況にまで至っている。それだけ，世の中のサービス化が進んだといえるだろう。

　振り返ってみれば，今から半世紀近く前，1970年代の日本では，一家での外食は週に1回あるかどうかといった一大イベントであった。第4章で詳述するが，1975（昭和50）年の料飲サービス産業（外食産業）市場規模は8兆5,000

億円程度であった。それが，わずか 20 年少々後の 1997（平成 9）年には 30 兆円近い規模にまで膨れ上がっている。学生たちが，大学の講義の帰りに鮨を気軽に食べて帰る時代が来るとは，誰が予想していたであろうか。

　また，かつては地域のコミュニティの協力により，家で執り行われていた冠婚葬祭をはじめとするセレモニーも，最近ではほとんどの場合に専門業者に委託するようになっている。「冠」である成人式でも，親から着物を引き継ぐといったケースは稀であり，貸衣裳の利用が一般的になっているのが現状である。

　料飲サービス産業以外にも，多くのホスピタリティ産業がこうしたサービス産業に含まれ，いわば「家事のアウトソース」の対象となっているのである。すなわち，それだけこの産業はわれわれの生活に溶け込んでいると考えることができよう。

## 3. おもてなしとホスピタリティ産業

　人とのやり取りが必要になることの多いホスピタリティは，昨今「おもてなし」との関連で改めてクローズアップされることになった。

　2013（平成 25）年 9 月，アルゼンチンのブエノスアイレスで開かれた国際オリンピック委員会でのスピーチで，この「お・も・て・な・し」が用いられると一気に注目が集まり，『2013 ユーキャン新語・流行語大賞』（現代用語の基礎知識選）の年間大賞に選ばれるに至った。2013（平成 25）年 9 月 1 日から 2018（平成 30）年 8 月 31 日までの 5 年間，日本経済新聞社が提供する「日経テレコン」で，「おもてなし」が出現する『日本経済新聞』本紙の朝刊記事を検索したところ，396 件がヒットしたが，それ以前，2008（平成 20）年 9 月 1 日から 2013（平成 25）年 8 月 31 日までの 5 年間では 80 件しかヒットしなかった。この差は歴然である。

　経済界でも，複数の企業が実行委員会を結成し，「OMOTENASHI NIPPON」という団体を組織した。これは，日本のおもてなしを世界の OMOTENASHI ブランドへといったスローガンで，さまざまな活動を展開している。

　さらに政府でも，経済産業省が 2013（平成 25）年から 2015（平成 27）年にかけて「おもてなし経営企業選」を実施した。顧客のニーズに合致したサービスを継続的に提供し，顧客のみならず社員，地域・社会から愛される経営を実現している企業を選出したのである。

　そして，これが発展的に移行し，（一社）サービスデザイン推進協議会による「おもてなし規格認証」となった。この認証は，サービス品質を「見える化」し，サービス事業者の支援を通じて地域経済の活性化をはかることを目的として，「おもてなし規格」を認証していくものである。これには，日本政策金融公庫も融資に関する優遇策を打ち出している。

　こうした流れにおいて，Hospitality をおもてなしとイコールのようにみなすことも多くなっていったようであるが，一方で，ホスピタリティ産業とはいうものの，「おもてなし産業」という表現は聞こえてこない。この事実をとってみても，ホスピタリティ産業に対する理解は，まだまだ進んでいないことがうかがえる。

　こうした状況を打破すべく，本書では，多面的な角度からホスピタリティ産業について検討していく。ただし，ホスピタリティもホスピタリティ産業も，いまだ研究の途上であり，あくまで本書は研究の途中経過である点に注意していただきたい。

主要参考文献

Theodore Levitt（1969），*The Marketing Mode: Pathways to Corporate Growth*, McGraw-Hill.（土岐　坤訳（1971），『マーケティング発想法』ダイヤモンド社.）

Theodore Levitt（1962），*Innovation in Marketing: New Perspectives for Profit and Growth*, McGraw-Hill.（土岐　坤訳（1983），『マーケティングの革新―未来戦略の新視点―』ダイヤモンド社.）

Theodore Levitt（1986），*The Marketing Imagination*（rev. ed.,）, Free Press.

島川　崇（2020），『新しい時代の観光学概論』ミネルヴァ書房.

前田　勇編（2010），『現代観光総論＜改訂新版＞』学文社.

（徳江順一郎）

# 第2章

# ホスピタリティの語源と概念

## 1．ホスピタリティの語源

　塹江 (2003) によると，ホスピタリティという単語は英語であるが，その語源はラテン語のホスペス (hospes) であるという。そして，このホスペスは，「客人の保護者」を意味しているという (pp.20-21)。

　加えて，O'Gorman (2007) によれば，hospes は印欧祖語 (PIE：Proto-Indo-European) の *ghos-ti がもともとの起源であり，これが古ラテン語の hostis となる一方で，同じく印欧祖語の *poti と合成されてのちに hospes になったということである。この場合の古ラテン語の hostis は，「ローマ領の住民で，ローマ市民と同等の権利義務を持つもの，味方としての余所者」のことである。

　その後，hospes は，ラテン語の hospitalis（歓待する，手厚い，客を厚遇する）という意味を表す形容詞へと品詞が変わる。また，hospitalitas（客扱いのよいこと，厚遇）という言葉へと派生している。

　さらに，それは古フランス語に取り入れられ，hospitalite となった。そして，14 世紀にはそのままの形で中世英語となり，最終的には，現在の hospitality へと至っている。このような言葉の変化を図示すると図表 2 − 1 になる。

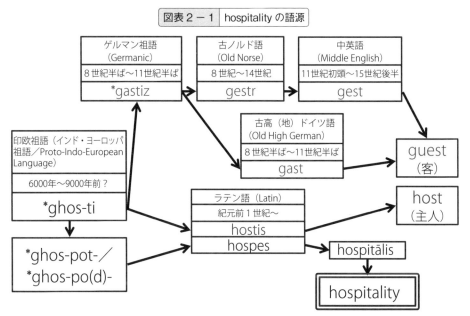

図表2-1　hospitality の語源

出典：O'Gorman（2007），塹江（2003）をもとに著者作成。

## 2．米国におけるホスピタリティ概念

　ホスピタリティの定義に関して必ずしも統一的な見解があるわけではない。そこで，以下は，ホスピタリティ研究の本場である米国および英国で行われてきた研究を振り返ることで「ホスピタリティとは何か」について考察したい。

　そこで，まず Hanks（1989）が編纂した辞書 *The Collins Concise Dictionary Plus* における定義をみると，ホスピタリティを「来訪者またはゲストを優しく迎え入れること」と定めており，ホスピタリティを「接遇」という狭い意味で捉えていると同時に，ホストからゲストに向かう一方向的な活動と考えていることが理解できる（p.604）。

　これに対して，Cassee（1998）は，ホスピタリティを「食事，飲物，ベッド，場所や空間がもつ雰囲気，スタッフによる接遇などの有形，無形の要素が調和

を図りながら，それらをミックスした状態でホストからゲストに提供されるもの」と考えている (p.xiv)。

　また，Pfeifer (1993) は，ホスピタリティを「食事，飲物，宿の提供により構成されており，自宅から離れている人がもつ『飲み食いしたい，安眠したい』という基本的なニーズを充足する行為」ととらえている (p.191)。

　この Cassee と Pfeifer の定義は，ホスピタリティを「自宅を離れて旅する人びとに食事，飲物，宿，安らぎを提供する行為」と解することで，上述した Hanks の定義と異なり，ホスピタリティを接遇と狭く解釈するのではなく，ホスピタリティを広く考えていることがわかる。

　そして，このようにホスピタリティを広く解することは，米国や英国のホスピタリティ研究の共通認識であると思われる。ただし，Cassee と Pfeifer は，Hanks と同様に，ホスピタリティが「ホストからゲストに対して一方向的に提供されるもの」と考えている点に特徴がある。

　これに対して，Hepples ら (1990) は，過去のホスピタリティ研究のレビューを通じて，多くの研究者がホスピタリティを，

・自宅から遠く離れた場所を訪れた人びと（ゲスト）に対してホストが提供するもの
・有形と無形の要素がミックスしたものにより構成されている
・ゲストの身体的な安全を確保し，心理的な安心感や癒しをもたらすもの

と解釈されているとともに，ホスピタリティが「ホストとゲストとのやりとりのなかで提供，消費されるもの」と考えられていることを明らかにした。つまり，Hepples らは，Hanks や Cassee，Pfeifer と異なり，ホスピタリティはホストとゲストのあいだに双方向性があり，相互行為により成立すると考えている。

　なお，この点に関して，徳江 (2016) は，「ホスピタリティは，ホストがゲストに対して一方的に提供するものではない」という。加えて，例えばホスト

が巡礼者をゲストとして迎え入れることで，ゲストが持つ「ご利益（ごりやく）」のお裾分けに与れたり，彼らが住む地域の情報を得たり，ゲストが持参した珍しい異国の品々を入手したりするなどの交換行為が生まれると同時に，ホスピタリティはホスト自身にもメリットがある行為だという。

　このホスピタリティが有する互恵的な機能は，歴史的にみると，「お互いさま」という意味を併せてもっていることに気づく。つまり，例えば，宿泊施設や飲食施設が未発達であった時代では，ホストになった人が交易や巡礼などでゲストが住む土地を訪れたとき，主客逆転して，ゲストがホストとしてもてなす習慣があったからである。

　他方，キリスト教社会だけでなく，イスラム社会や北米またはオーストラリア大陸の原住民のあいだでは，個人的な信仰心，社会一般に共有されていた信仰心とホスピタリティが深く結びついていた (Taylor & Kearney (2011) による)。

　例えば，中世のキリスト教社会では，キリストが物乞いの姿になり，家々を訪れると考えられていた。そして，そのとき，ホスピタリティの提供を拒否すると，罰が与えられのちにすべての財産を失うと信じられていた (Selwyn (2000) による)。

　加えて，食べ物や飲み物を隣人や貧者に分け与えることは，友情の証を示すことであり，富の再分配行為であった。また，それは，地域社会の分裂を防ぎ，その団結を維持するための手段でもあった。さらに，そのような行為は，強制により生起するものではなく，自発的に行われ，私心がなく慈愛にあふれた利他的な行為であり，特に富裕者にとって，尊ぶべきもの，社会的に価値ある行為とみなされていた (Heal (1990) による)。そして，この自発的で利他的な行為が地域住民を超えて旅人へと拡張されたものがホスピタリティであった。

　以上から，米国でのホスピタリティとは，「ホストとゲストの交換・相互行為であり，それは互恵性，自発性，利他性という特徴を持ち，食事，飲物，宿，安らぎなどの提供により構成される行為」と解することができる（図表2－2参照）。

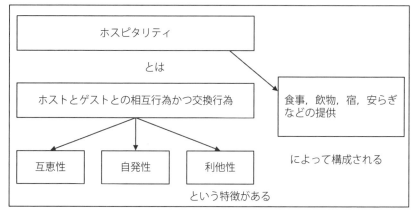

図表2−2 ホスピタリティとは

出典：Brotherton（1999），p.189を用いて，筆者一部修正。


## 3．わが国におけるホスピタリティ概念

わが国では，ホスピタリティを「ふれあい行動」であるとし，「行為」の側面を強調するものや，「社会倫理」であるという点に重きを置いている定義が多い（サービス＆ホスピタリティ・マネジメント研究グループ（2011）による）。一方で，心や気持ちが軸となっている考え方や，好ましい接遇，といったシンプルな定義も散見される。しかし，これらは公約数的な表現であることは認めるが，ホスピタリティの「必要十分」な定義であるとは言い難い。

小澤（1999）においては，

・客人と主人との間でのもてなし（歓待）のある良い関係。
・組織によって金銭と交換で客を楽しませるための宿泊施設にある様々な機能。
・従来宿泊施設に存在した様々な機能が発達し，分割され独自発展を遂げている機能

のように大きく３つに分けることで，「関係」（＝状態），そして宿泊とそれに付随した「機能」との整合性を図ることを意図している（p.175）。しかし，この３つの要素を定義として並立させられうるのかは疑問である。

　吉原（2005）は，「アイデンティティの獲得を目指して自己を鍛え，自己を発信しながら，他者を受け容れ他者に対して心を用いて働きかけ信頼関係づくりを行って，お互いに補完し合い何かを達成してゆく心と頭脳の働きである」（p.93）としている。

　他には，相手の「感動」に重点を置き，そこに至る心から行動へという流れについて言及されているものや，わが国固有の価値観を踏まえて，精神性とそこから生じる行為について強調されているもの，などが定義の代表的なものであろう。

　徳江（2018）では，ホスピタリティがサービス提供場面で語られることが多いことに着目し，サービスをプロセスとしてとらえ，サービス提供側とサービスを受ける側の協働の必要性や，そこから生じる（品質や性質の）変動性といったサービスの特性を踏まえた検討をしている。これは，お客様と直接的に関わり，お客様とサービスの共同生産が必要になるという点において，他の研究とも共通項がある。

　そして，こうした状況を，サービス提供側とお客様側の関係における社会的不確実性ととらえ，だからこそお互いに「信頼する関係」（：相互信頼関係）が生じることで，相手との関係をも消費しているという視点が提示されている。すなわち，ホスピタリティ・マネジメントが生じる状況は関係性に軸がある場合であり，一方，プロセスのマネジメントに関しては，サービス・マネジメントの理論体系という形で論を整理している。

主要参考文献

　Brotherton, B.（1999）, *The Handbook of Contemporary Hospitality Management Research*, John Wiley & Sons.

　Cassee, E. H.（1983）, "Introduction", in Cassee, E. H. & Reuland, E.（Ed.）, *The Management of Hospitality*, Pergamon, pp.189-202.

Hanks, P. (Ed.) (1989), *The Collins Concise Dictionary Plus*, Collings.

Heal, F. (1990), *Hospitality in early England*, Claredon Press.

Hepple, J., Kipps, M. & Thomson, J. (1990), "The concept of hospitality and an evaluation of its applicability to the experience of hospital patients", *International Journal of Hospitality Management*, 9(4): 305-331.

Lashley, C., P. Lynch & A. Morrison (Eds.) (2007), *Hospitality: a Social Lens*, Elsevier, -Advances in tourism research series.

O'Gorman, K. D. (2007), "Dimensions of Hospitality: Exploring Ancient and Classical Origins", in Lashley, & Morrison (Eds.) (2007), pp.17-32.

Pfeifer, Y. (1983), "Small business management", in Cassee, E. H. & Reuland, E. (Ed.),

Selwyn, T. (2000), "an anthropology of hospitality", in Lashley, C. & Morrison, A. (Ed.), *In Search of Hospitality: Theoretical perspectives and debates*, Butterworth-Heinemann.

Taylor, J. & Kearney, R. (Ed.) (2011), *Hosting the Stranger: Between Religions.*, Palgrave Macmillan Ltd.

小澤道紀 (1999), 「ホスピタリティに関する一考察」, 『立命館経営学 第221号（第38巻第3号）』.

サービス＆ホスピタリティ・マネジメント研究グループ (2011), 『サービス＆ホスピタリティ・マネジメント』産業能率大学出版部.

徳江順一郎 (2016), 『ホスピタリティ・デザイン論』創成社.

徳江順一郎 (2018), 『ホスピタリティ・マネジメント＜第2版＞』同文舘出版.

塹江　隆 (2003), 『ホスピタリティと観光産業』文理閣.

吉原敬典 (2005), 『ホスピタリティ・リーダーシップ』白桃書房.

（渡邉勝仁）

第 **3** 章

# ホスピタリティ産業の範囲

## 1．海外の研究におけるホスピタリティ産業の範囲

　前節では，ホスピタリティの語源や定義を整理した。そこで，本節では，ホスピタリティ産業の範囲について論述する。

　この範囲に関して，例えば Brotherton（1989）は，米国の学会内に統一的な見解は存在しないという。また，Brotherton（1989）は，ホスピタリティ産業と旅行業やレジャー業との境界が明らかでないという。そこで，本節では，前節で述べたホスピタリティの定義に立ち戻り，この範囲を検討する。

　前述したように，ホスピタリティとは，宗教活動（例えば聖地巡礼）や交易などの目的で旅する人びと（ゲスト）を，ホストがあたたかく迎え入れ，一夜の宿と飲食に加え，旅の疲れをいやす気晴らしなどを提供する行為である。

　そのため，ホスピタリティ産業の範囲を考えるときには，この「泊まる」「飲み食いする」「安らぐ」「旅する」の４つがキーワードになると考える。

　しかし，2010年以前に米国で出版され，『ホスピタリティ産業』というタイトルを有する書籍を概観すると，それらが主に取り扱うホスピタリティ産業は宿泊業と飲食業であり，その補完として給食業や旅行業などに言及する事例が多い。そのため，当時は，ホスピタリティ産業をどちらかといえば狭くとらえていたようである（図表3-1参照）。

| 図表３－１ | 2010年以前に出版された書籍が取り扱うホスピタリティ産業の範囲に関する一例 |
|---|---|

| 書　名 | International Hospitality Industry | Introduction to management in the hospitality industry |
|---|---|---|
| 筆者名 | Brotherton, B. | Barrows, C. W. & Power, T. |
| 出版年度・出版社 | 2003 年，Routledge. | 2008 年，Wiley. |
| 取り扱っている主なホスピタリティ産業 | 宿泊業<br>飲食業<br>給食業 | 宿泊業<br>飲食業<br>旅行業 |

出典：著者作成。

　これに対して，2010 年以降に出版されたホスピタリティ産業を取り扱う書籍では，同産業の範囲が宿泊業と飲食業を超えて，旅行業（旅行代理店業，航空業，クルーズ業，鉄道・バス業など），給食業，レクリエーション・エンタテインメント業（ゲーミング業，テーマパーク業など），コンベンション・イベント業（各種会議の誘致と実施，コンベンション，展示会，イベント業など）へと拡張されている（図表 3 – 2 参照）。

　このようにホスピタリティ産業の範囲が拡大された理由は，旅行業やレクリエーション業などが急速に発展し，その経済規模が大きくなったためではないかと推察する。

　その結果，こんにちでは，ホスピタリティ産業の範囲が広く解釈されていると思われる。ただし，産業の範囲は広くなったものの，ホスピタリティ産業をテーマとする学術的な研究の主流は，依然として宿泊業と飲食業，旅行業である。

　これに関して，例えば，*International Journal of Contemporary Hospitality Management* 誌に 2000 年から 2012 年までに掲載された論文の詳細をみると，2000 年から 2005 年までの全掲載論文 156 本中，ホスピタリティ産業をテーマにした論文が 99 本あり，その内訳は宿泊業を取り扱う論文が 47 本と最も多く，次いで飲食業が 24 本となり，この両者で全体の約 72% を占めていた。

　そして，この宿泊業と飲食業をテーマにする論文が主流を占める傾向は，

| 図表 3 − 2 | 2010年以降に出版された書籍が取り扱うホスピタリティ産業の範囲に関する一例 |

| 書　名 | Exploring the Hospitality Industry, Global Edition | Fundamentals of Business |
|---|---|---|
| 筆者名 | Walker, J. R. | Skripak, S. J. |
| 出版年度・出版社 | 2016 年, Pearson | 2018 年, Virginia Tech University Libraries |
| 取り扱っている主なホスピタリティ産業 | （第 1 章 ホスピタリティ精神）<br>第 2 章 ツーリズム<br>（第 3 章 ツーリズムの特徴）<br>第 4 章 宿泊業<br>（第 5 章 宿泊業の運営）<br>第 6 章 クルーズ業<br>第 7 章 飲食業<br>（第 8 章 飲食業のオペレーション）<br>第 9 章 給食業<br>第 10 章 喫茶・バー業<br>第 11 章 クラブ業<br>第 12 章 テーマパーク・アトラクション業<br>第 13 章 ゲーミング業<br>第 14 章 会議・コンベンション・展示会業<br>第 15 章 イベント業 | 宿泊業（ホテル，モーテル，キャンプ場，タイムシェアなど）<br>飲食業（レストラン・バー・喫茶，給食など）<br>レクリエーション・エンタテインメント業（ゲーミング，テーマパーク，その他屋外レクリエーション）<br>旅行業（旅行代理店，航空，クルーズ，鉄道・バスなど）<br>コンベンション・イベント事業（会議，展示会，各種イベント）<br>クラブ事業 |

出典：著者作成。

2006 年から 2010 年（全体の約 92%），2011 年から 2012 年（全体の 79%）をみても変化していない。そのため，ホスピタリティ産業研究のメインストリームは，宿泊業と飲食業であることが理解できる（図表 3 − 3 参照）。

　以上から，ホスピタリティ産業の範囲は，「泊まる，飲み食いする，安らぐ，旅する」のキーワードから，宿泊業，飲食業，エンターテインメント業，旅行業に大分類でき，それぞれがホテル業や旅館業，レストラン業，喫茶・バー業，給食業などに細分化することができる。そして，これを図示すると図表 3 − 4 になる。

| 図表3-3 | International Journal of Contemporary Hospitality Management 誌に掲載されホスピタリティ産業を取り扱った論文の内訳（本） |
| --- | --- |

|  | 2000年～2005年<br>全掲載論文156本 | 2006年～2010年<br>全掲載論文270本 | 2011年～2012年<br>全掲載論文183本 |
| --- | --- | --- | --- |
| 宿泊業関連 | 47 ( 47.5) | 56 ( 58.3) | 50 ( 50) |
| 飲食業関連 | 24 ( 24.2) | 32 ( 33.3) | 29 ( 29) |
| 小　計 | 81 ( 71.7) | 88 ( 91.7) | 79 ( 79) |
| ツーリズム関連 | 22 ( 22.2) | 3 ( 3.1) | 8 ( 8) |
| その他 | 6 ( 6.1) | 5 ( 5.2) | 13 ( 13) |
| 合　計 | 99 (100.0) | 96 (100.0) | 100 (100) |

出典：Rivera & Pizam（2015），p.370を用いて著者作成。

| 図表3-4 | ホスピタリティ産業の範囲 |
| --- | --- |

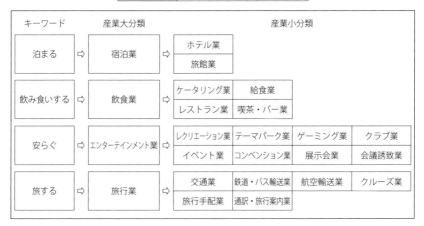

出典：著者作成。

# 2．国内の研究におけるホスピタリティ産業の範囲

　前提として，諸外国における"Hospitality Management"は，すなわちホスピタリティ産業の研究であるが，日本とヨーロッパの一部では，これとは別に，ホスピタリティ概念そのものに対する研究も広範になされている。そのた

め，日本では「ホスピタリティ・マネジメント」と称していても，ホスピタリティ概念に依拠したマネジメント研究なのか，ホスピタリティ産業の研究なのかが明確ではない点には注意が必要である。

とはいえ，わが国でもホスピタリティが冠されている書物には，事実上ホスピタリティ産業研究のものが見受けられる。この分野の研究者には米国への留学経験を持つ者が多いためである。

そして，やはり日本国内でも，ホスピタリティ産業の範囲については，統一的な見解は存在しない。しかし，おおむね「観光産業」と「ホスピタリティ産業」という産業カテゴリーを意識したうえで，「ホテル」，「レストラン」はその中心に置かれている。近年ではホテルではなく「宿泊産業」に相当する"Lodging"という表現も見られるし，他にもレクリエーションやテーマパーク，ゲーミング産業，イベント産業といったものが含まれることもある。

まず，近藤（1995）においては，「わが国でサービスを扱った経営書や専門書でしばしば取り上げられるが，欧米ではほとんど登場しないのが『ホスピタリティ』という言葉である」(p.174) と述べられており，また，「欧米のサービス・マネジメントの分野で，このホスピタリティそのものが研究対象として取り上げられたことはほとんどない」(p.175) とも主張する。また，日本とアメリカとのホスピタリティ概念の差についても言及されており，日本では「ご馳走」に代表される「主人側の客に対する心のもち方・姿勢が大切」である一方，アメリカにおいては「選択の自由」が非常に重要であるとの相違点を抽出している (pp.177-178)。

また，福永・鈴木（1996）においてホスピタリティ産業とは，

　　観光産業，宿泊産業，飲食産業，余暇産業，5つの特徴（選択性と代替性の高さ，必需性と緊急性の低さ，感じの良し悪しが決め手）を有する産業

と定義づけられ (pp.3-5)，一方で米国では

　観光産業（旅行，宿泊，飲食，余暇），健康産業（病院，フィットネス），教育産業

が該当する旨，指摘されている（pp.3-5）。

　また，山上（2005）では，ホスピタリティ産業とは，

「最狭義」：飲食・宿泊業
「狭義」　：観光（旅行・交通・宿泊・料飲・余暇）産業・関連事業
「広義」　：観光・教育・健康産業・関連事業
「最広義」：人的対応・取引するすべての産業とホスピタリティを媒介する
　　　　　　産業

という形で，最狭義から最広義まで複数の定義を示している（p.58）。

　いずれにせよ，ホスピタリティ産業の範囲は，論者によって多少異なってはいるが米国の研究者を含めて大差ないといえる。

## 3．本書で扱うホスピタリティ産業

　以上の検討を踏まえ，本書では，以下の構成を採ることにした。

　まず，次章よりはじまる第2部で，ホスピタリティ産業についての検討を展開する。そこでは，

・料飲サービス産業

・セレモニー産業

・宿泊産業

・テーマパーク＆レジャーランド産業

をコアとなる「ホスピタリティ産業」とし，各産業の特性や，ホスピタリティ

の側面についても論じる。そして，サービス面においてホスピタリティが関係する産業として

- ・鉄道事業
- ・クルーズ事業
- ・航空事業
- ・小売業

についても，第3部で論じていく。ここでは，プロセスとしてのサービス面と，そこで課題となるホスピタリティ面について検討する。

　他にも，医療やMICE産業なども本書で論じる必要性について検討したが，医療は基本的には非営利であること，MICE産業は，わが国においては現時点では単独の産業というよりも，他の諸産業と関連した産業であること，といった理由から，本書での考察は見送った。当然，将来的に改訂が必要になった際には，掲載することも改めて検討する。

　また，経営戦略論や組織論，マーケティング論といった，いわば各産業を横断して横串のように展開する理論体系についても特に触れてはいない。あくまで，ホスピタリティ産業の概略や，その特性の把握に重点を置いたためである。むしろ，重厚な先行研究の蓄積があるそういった理論体系は，独立した書籍での研究の方が，より体系的に論じることができるという側面もあると考えている。

主要参考文献

　Barrows, C. W. & Power, T. (2008), *Introduction to Management in the Hospitality Industry* (9th ed.), Wiley.

　Brotherton, R. (1989), "Defining hospitality, tourism, and leisure: perspectives, problems and implications", *Proceedings of IAHMS Autumn Symposium*, The Queen's College, Glasgow.

　Brotherton, R. (2003), *International Hospitality Industry*, Routledge.

　Hepple, J., Kipps, M. & Thomson, J. (1990), "The concept of hospitality and an evaluation of its applicability to the experience of hospital patients", *International Journal of Hospitality Management,* 9(4): 305-331.

Rivera, M. A. and Pizam, A. (2015), "Advances in hospitality research: "from Rodney Dangerfield to Aretha Franklin"", *International Journal of Contemporary Hospitality Management,* 27(3): 362-378.

Skripak, S. J. (2018), *Fundamentals of Business* (Black and White Edition), Virginia Tech University Libraries.

Walker, J. R. (2016), *Exploring the Hospitality Industry* (Global Edition), Pearson.

近藤隆雄 (1995), 『サービス・マネジメント入門』生産性出版.

福永　昭・鈴木　豊 [編著] (1996), 『ホスピタリティ産業論』中央経済社.

山上　徹 (2005), 『ホスピタリティ・マネジメント論』白桃書房.

（飯嶋好彦）

第 **2** 部

# ホスピタリティ産業

# 第4章

# ホスピタリティ産業1：
# 料飲サービス産業

## 1．料飲サービス産業の歴史

（1）料飲サービスの産業化

　他人のために料理を提供する事業は，かなり昔からあったと推定される。事実，料理を提供する屋台などは開発途上国でも多くみられ，他の業種を含め，いわゆる「産業化」が進んでいない状況でもビジネスとして成り立ちやすい特性があると考えられる。

　しかし，こうした店舗はいずれも個人事業あるいは家業といった性格のものであり，これが大規模な産業ということになると話は変わってくる。本章では，こうした料飲サービス産業について，わが国の状況を中心に論じる。なお，一般には「飲食業」や「飲食サービス」といわれるが，本書では，学術用語である「料飲サービス」，すなわち料理と飲料を提供するサービスと解釈して述べることとする。

（2）海外における料理の歴史

　世界的に，正餐の場で提供されるのはフランス料理であることが多い。そこで，海外の料理としては，フランス料理の歴史を簡単に紹介する。しかし，現

代のフランス料理も，もともとは王侯貴族が楽しんでいたものがベースとなっており，その点から「産業」ではなく「家業」的であったといえる。

　有名なのは，14 世紀にフィリップ 6 世やシャルル 5 世・6 世に仕えたギョーム・ティレルであろう。"Viandier" という彼の料理本は，フランス料理の源流に位置しているといわれている。

　16 世紀になると，メディチ家から嫁いだ王女が連れてきた料理人や，ルネサンスの影響などによって，フランス料理はイタリア料理の影響を強く受けていたとされる。しかし，17 世紀にはフランスの独自性を再び模索するようになった。ラ・ヴァレンヌによる "Le cuisinier François" には当時のレシピが垣間見られる。

　18 世紀のフランス革命によって，それまで宮廷にいた料理人が街で店を開くようになった。その結果，経済環境が向上した市民の出現とともに，ほぼ現在と同じレストランの形が整えられた。ただし，この時点でもまだ個人事業としての特性が強く，産業とはいいがたかった。事実，著名な料理人は，必ずしもこうした街中の店舗で腕をふるっていたわけではない。とはいえ，政府関連の饗宴で活躍したアントナン・カレームや，数々の名門ホテルで有名なオーギュスト・エスコフィエらは，フランス料理の体系化に尽力した。

　20 世紀になってからは，フェルナン・ポワンやアレクサンドル・デュメーヌといった著名なシェフが，新しい技術も取り入れつつさらに料理のクオリティを発展させていくことになる。一方でポワンの弟子であるポール・ボキューズやアラン・シャペル，ジャンとピエールのトロワグロ兄弟らは，フランス料理の大きな特徴ともいえる濃厚なソースに頼るのではなく，素材の味を活かした比較的軽い技法を志向し，これが「ヌーベル・キュイジーヌ」という新潮流を生み出すことになる。

　この流れは世界中に影響を及ぼしたが，その中でも現代スペイン料理：「ヌエバ・コシナ」においては，フアン・マリ・アルサック，フェラン・アドリアといったきわめて独創的な料理人の出現もあり，逆にフランス料理にも多大な影響を及ぼすことになった。

　現代の著名なフランス料理店は，傘下にワイナリーや料理学校などを抱え，各種のロイヤルティによる売上や，投資活動もする一大企業グループとなっている。世界各国の都市に支店を出し，自社プロデュースのワインも各国で販売するなど，世界的な展開を果たしている多国籍企業なのである。レストランガイドで最高ランクを獲得するような店は，もはや「店」のカテゴリーに留まらない事業展開をしていると考えてよい。

　実際，『フォーブス』誌の調査などによれば，2018 年に亡くなったジョエル・ロブション氏の 2012 年における所得や，イギリスのシェフであるゴードン・ラムゼイ氏の 2018 年度の所得は 70 億円前後であったという情報もある。こうした点は，わが国の料飲サービス産業に関しては，他国に大きく遅れを取っているといわざるをえない。

## （3）日本料理の歴史
### ①　古代の日本料理
　今ではユネスコの世界無形文化遺産になっている和食（日本料理）であるが，その歴史についてははっきりとはわかっていないことも多い。

　『古事記』や『日本書紀』に，かつての国号は，「大八洲」，「葦原中国」などとともに，「豊葦原（之）千（秋長）五百秋（之）瑞穂国」であったという記述がみられる。すなわち「稲穂が実る国」であったと書かれているのである。また，以下のような神話もある。

　　天照大神（アマテラス）が月夜見尊（ツクヨミ）に命じて保食神（ウケモチ）を見に行かせたが，ウケモチはツクヨミをもてなすために，口から食物を吐き出した。陸を向いて米を，海を向いて魚を，山を向いて動物を出現させたという。しかし，ツクヨミは汚らわしいと怒り，ウケモチを惨殺してしまった。その後，ウケモチの死体の頭からは牛馬，額からは栗，眉から蚕，目から稗，腹部から稲，陰部から穀類が取れた。

　もう少し現実的な歴史的事実としては，「長屋王邸出土木簡」の中に，屋敷に届いた食料の荷札があり，奈良時代にはすでに貴族社会で接待料理が成立していたことがうかがえる。ただし，残念ながら具体的な形式は不詳である。これらが発達したものが，『延喜式』の「神祇項目」に出てくる「神饌」であり，春日大社の「神饌」や談山神社の「百味御食」にその形式が残っている。松本(2014)など，この神饌こそが日本料理の根幹であるとの主張も多い。

## ② 大　饗

　平安中期頃になると，皇族，摂関家，その他の貴族の序列が固定化してくる。その階層間における接待の形式として，「大饗」が定められるようになった。これは唐の文化の影響があり，以下のような形式を取っていたようである。

　まず，「台盤」と呼ばれる大型のテーブルに全料理を載せていた。また，そこには揚げ物を含む「唐菓子」と呼ばれたものや，果物などの「木菓子」もあり，他にも海外から渡来した料理もあったようである。全体的には非常に献立が多かったことと，食べる側も食べ物ごとに細かい作法があったことが特徴的である。また，箸とともにスプーンも使われたらしいが，スプーンはなぜかその後，わが国の食では使われなくなっている。そして，この頃にはまだ出汁を取ったり，下味をつけたりといった調理のための調味料が開発されておらず，調味の技術も未発達であったため，食べる際に各自で塩や酢，醤（ひしお），酒などで味付けをしていた。

　全体としては，酒礼・饗膳・酒宴の三部から構成されており，これも唐や朝鮮の影響を受けたと考えられる。酒礼は一同に酒が振る舞われる儀式であり，今日の「乾杯」の習慣につながっている。酒礼のあとは，飯汁を中心とした饗膳（膳，本膳）で，茶や菓子も含まれていた。ここでは場所を変えることが多く，酒礼と饗膳を「宴座」，酒宴を「穏座」と呼称し区別していたようである。

　主人や客は兀子（ごっし）と呼ばれる椅子に着座し，客の前には机が置かれた。台盤に並んだ料理を複数の客が囲む共同膳であった。料理は一品ずつ配膳され，前の料理を片付けたあとで次の料理が供される時系列的な食事となって

いた。料理は「高盛」で供され、「台盤」の上に馬頭盤というくびれた皿があり、その上に箸と匙（スプーン）が置かれていた。

この大饗には大きく分けて2種類あった。

正月に諸臣が中宮や東宮へ拝謁したあと、朝廷から与えるものを「二宮大饗」というが、記録が無く、具体的な献立内容や形式は不明である。一方、貴族が大臣になり、そのお祝いに皇族がその屋敷を訪れた際の接待料理である「大臣大饗」といったものもあった。藤原頼長の日記である『台記』には、1136（保延2）年12月9日の大臣大饗が記載されている。

「初献」の言葉はないが、主人からはじまって一同が盃を取り、初献に相当する「一献」が行われていた。二献では、主人である頼長が酒を飲んでいなかったという。大江匡房の『江家次第』にも同様の記述があることから、これが当時の作法であったのかもしれない。三献では頼長は酒を飲んでいる。『台記』によれば、三献において主人が酒を飲むかの作法をめぐり議論があったという。

また、『兵範記』には、1156（保元元）年に開かれた藤原基実の大臣大饗について記載がある。1116（永久4）年の藤原忠通の大饗を参考に、9日前から準備したという。赤漆塗の膳を特別に用意し、膳の上に白絹をテーブルクロスのように敷き、特別にあつらえた折敷や漆塗の食器に料理を盛りつけた。

『類聚雑用集』によれば、大臣大饗における献立は、参列者の身分によって異なっていた。皇族の正客は28種、三位以上の公卿は20種、少納言は12種、接待する主人は8種の料理が出された。飯、調味料、生もの、干物、唐菓子、木菓子などが供され、雉などの鳥類や生の魚介類、干物もアワビやタコ、蛙などがあったようであるが、獣肉類は無かった。前述したように調味料が別皿で、好みで調味料をつけながら食べていた。この調味料も身分で差があり、公卿は醤など4種あったが、主人には塩と酢のみだった。また、料理を盛りつけた器の大きさがほぼ同じであったことから、いわゆる「料理の序列」のようなものがなく、後の時代の料理とは異なっている。

大饗は儀式的側面も強かったが、その後、「食事を摂る」という行為自体に儀式的な意味合いを持たせているのが特徴である「本膳料理」が誕生する。

③　本　膳

　鎌倉時代になり，武士が力を持つようになると，正月に御家人が将軍に料理を献上する儀式である「椀飯」が執り行われるようになった。当初は鯉一匹など簡単な物であった。

　室町時代には武家の経済的・政治的優位が確立した。そして，幕府の本拠地も公家文化の影響が深い京になったこともあり，料理の品数も増え，料理自体にも派手な工夫がなされるようになった。

　南北朝時代，一条兼良の『尺素往来』に本膳・追膳（二の膳）・三の膳の呼称が見られる。また，『蔭涼軒日録』には，将軍足利義政が御所で御煎点をした際の饗膳について記載がある。蔭涼軒とは，相国寺の塔頭・鹿苑院の南坊にあった寮舎であるので，本膳料理の発達には寺社が関わっていたとの説もある。

　室町時代には，主従関係を確認する杯を交わすため，将軍や主君を家臣が自邸に招く「御成」が盛んになり，こうした中で本膳料理が確立した。これに関連して室町時代から江戸時代にかけて「献立」の言葉が広まり，饗宴における飲食全体を意味するようになった。

　本膳料理は，式三献，雑煮，本膳，二の膳，三の膳，…硯蓋と続き，大規模な饗宴では七の膳まであったともいわれる。なお，式三献と雑煮以下は場所を移していたとの記録もある。この点は大饗とも通じる面がある。また，途中で能や狂言などが入れられたり，「後段」と呼ばれるうどんや素麺といった軽食類や酒肴が出たりして，3日近く行われた宴もあった。

　室町時代の中頃，本膳料理を専門に調理する料理流派が成立し，これが「家元」となった。「大草流」，「進士流」が有名で，一子相伝の料理の秘法を伝えていたとされる。一方，「礼法家」は本膳料理の食事作法を定め，小笠原流の『食物服用之巻』など，いわゆるハウツー本も存在した。

④　有　職

　公家も本膳料理を一部取り入れ，独自の式典料理として「有職料理」が次第にまとまっていった。この過程で，大饗料理には存在していた台盤や唐菓子な

図表4−1　時代ごとの日本料理の変遷

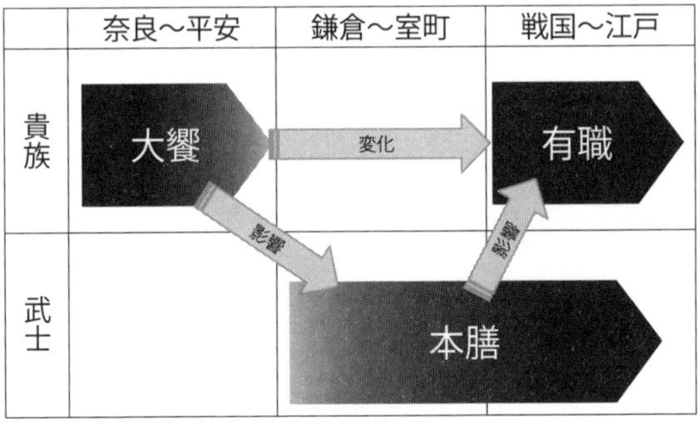

出典：著者作成。

どの中国流の文化が消えていった。

　江戸時代初期，徳川家光による二条城での後水尾天皇御成行事の際に有職料理が供されている。ここでは，天皇家側の料理人（高橋家，大隅家）と幕府側の料理人（堀田家，鈴木家）が担当したが，他に両者と無関係の料理人から生間家が抜擢された。生間家はその後，八条宮家の料理人を務めるが，明治時代に入り八条宮家の後裔にあたる桂宮家が絶家したため，生間家も街で仕事をするようになり，料理法は京都の一部料亭に伝承された。

　現在でも，皇族の結婚式などにおいては，独特の盛りつけの日本料理が提供されることがある。これは，生間家が伝えた物とは別の有職料理が伝えられている可能性を示唆している。外国要人などの接待には通常フランス料理が供されるため，ごく限られた儀式でしか提供されていない。

　生間流第29代家元の小西重義（生間正保）氏が店主を務める「萬亀楼」では有職料理を楽しむことができる。魚を捌く際に，一切魚に手を触れず，包丁と菜箸のみで対応する「式包丁」という作法を用いるのが特徴的である。

　ここまでの流れをまとめると，図表4−1のようになる。

⑤　江戸時代までのその他の料理

　以上の流れは，あくまで貴族や武士といった，特別な階級における料理であ

る。その他のわが国における料理に関係するポイントを検討しておく。

　鎌倉時代に，禅宗とともに精進料理が伝わってきた。この料理を軸として煮染や酒煎など，調味の技法が発達していくことになる。他にも茶や，豆腐，味噌などといった食品加工技術も伝わっている。

　今では点心といえば中華料理のジャンルであるが，もともとは「おやつ」的な食を指していた。寺院の点心から広まったのが，うどんや饅頭，羊羹などである。

　室町時代になると，現代の炊飯ご飯と同じような，いわゆる「姫飯」が広く普及するようになる。そして，調味における一大変化がこの頃に訪れた。すなわち，醤油が作られるようになったことと，鰹や昆布が使われるようになったことである。これによって，火を使った焼き物，煮物，汁物が作れるようになり，現代の日本料理に近いものになっていく。料理書である『四条流包丁書』が書かれたのもこの時代で，ここには当時の献立が掲載されている。

　安土桃山時代には，茶の湯が発達したことで，懐石（料理）が確立した。ここには千利休が大きな影響を及ぼしている。また，同時代に南蛮船によって天麩羅やがんもどきなどと，カステラやコンペイトウなどが伝わっている。

　このうち，懐石は現代の日本料理にも大きく影響を及ぼしている。これは，正式の茶事の際，「薄茶」や「濃茶」の前に提供され，来客をもてなす料理である。名称は禅寺の古い習慣に由来しており，寒い時期に加熱した石やコンニャクなどを布に包み懐に入れた暖房器具を意味している。修行僧が寒さや空腹をしのぐために温石を懐中に入れたことにちなみ，客人をもてなしたいが食べ物がなく，せめてもの空腹しのぎにと，温石を客の懐に入れてもらったことが起源とする説がある。

　天正年間に堺を中心に侘び茶が発展したが，その頃に「一汁三菜」の形式が定着した。江戸時代になると，三菜を刺身（向付），煮物椀，焼き物とする形式が確立している。食器にこだわることも多く，飯椀や汁椀，吸い物椀などには漆器を用いるのが通例といった決まりごともある。

　なお，重箱を器として，懐石の一通りの献立を入れたものを略式懐石といい，

「松花堂弁当」が代表的である。

　一方，似て非なるものに会席料理がある。これは，宴会や会食で用いられるコース形式の日本料理全般のことであり，本膳料理を簡略化したものといえる。献立ごとに一品ずつ食べるものを「喰い切り」といい，宴会での配膳方式とは区別される。

　会席料理の献立も一汁三菜が基本となり，刺身・膾，吸物・煮物，そして焼物という大枠に，お通し，揚物，蒸物，和物，酢物などの肴が加わり，最後に飯と汁，香の物，そして水菓子となる。献立例としては，前菜となる「先付」，吸い物や煮物などの「椀物」，刺身や膾といった「向付」，焼き物や焼魚などの「鉢肴」，炊き合わせなどの「強肴」，酢の物や和え物などの「留肴」，飯と留め椀，香の物の「食事」，最後に果物などの「水菓子」といった流れが一般的である。なお，これ以外にも揚物や蒸物，鍋物が出ることもある。

　懐石と会席料理の違いは，以下のような点が挙げられる。懐石はあくまで茶事の一環であり，その目的は茶をおいしく飲むことであるのに対して，会席料理はお酒を楽しむのが主たる目的となる。料理の順番も異なるが，特徴的なのは飯と汁であり，懐石は最初だが，会席料理では最後となる。なお，発音が同じであることから，単に懐石ではなく茶懐石ということもある。また，懐石は量が少ないことから，少量のコース料理を懐石と呼ぶ傾向もあり，実際に洋風懐石や欧風懐石，フレンチ懐石といった名称も見受けられる。

　さて，江戸時代になると，庶民もさまざまな食に対する関心が深まり，鮨，蕎麦などが発達する。

　蕎麦そのものは歴史も古く，日本への蕎麦の伝来は奈良時代以前とされる。実際，『類聚三代格』には，723（養老7）年と839（承和6）年の太政官符で蕎麦栽培の奨励が命じられたことが掲載されている。ただし，麦の一種のようにとらえられ，飢饉などに備えて多少栽培する程度だったようである。

　通常はお粥や蕎麦がきなどで食されていて，現代の蕎麦は「蕎麦切り」と別称されていたが，室町時代後期から安土桃山時代頃には蕎麦切りが作られはじめ，江戸時代に普及するようになった。18世紀頃には庶民の食べ物といった

イメージだったが，19世紀には武士も蕎麦屋に行くようになっていたようである。

　鮨はもともと，酢を使った保存食という色彩が濃かったが，江戸時代中期から後期にかけて，現代と同様の握り鮨が広まっていった。「江戸三鮨」と呼ばれた3店のうち，「毛抜鮓」は比較的酢を多く使い，押し鮨などに近いものであったが，「砂子鮨」（のちに松乃鮨・松が鮨）や「小泉與兵衛寿司（与兵衛寿司）」は，まさに今の鮨と変わらない。

　ただし，現代と大きく異なるのは，冷蔵・冷凍技術が貧弱なため，酢締めや醤油漬け，あるいは火を通すといったいわゆる「仕事」をしているものがほとんどであった。今でも伝統的な江戸前鮨を標榜する店には，こうした仕事を施したタネを用意する店もある。

## （4）日本料理の特徴

　日本料理を考えるうえでは，以下の点が重要なポイントになる。

　まず，明治維新までは「表向き」，肉を食さなかったということである。675（天武天皇4）年に「牛馬犬猿鶏の殺生禁止令」が出たことにより，以後の日本では「表向き」食用でなくなった。ここには猪と鹿がない点に注目したい。この結果，日本では肉の読み替えが生じ，猪を「牡丹」，馬を「桜」，鹿を「紅葉」，鶏を「柏」と称し，「原則として」4つ足の動物を食べないということになっている。しかし，同じ鳥類でも鶏以外の雉や鴨は普通に食べていたし，ウサギも食されていた。ウサギも数えるときに「羽」と数えることに留意したい。

　調理に使う「まな板」は本来，「真菜板」と書く。この「真菜」とは，「酒菜」と「蔬菜」を合わせたものである。「酒菜」はやがて「魚」と書かれ，「蔬菜」は「野菜」と呼ばれるようになった。「真菜」はまな板の読みにのみ残っていることになる。ここでも，この真菜には肉が含まれていない。

　そして，醤油が料理全般の基本となっていることである。インド料理はなんでもカレーで，フランス料理は生クリームとバターばかりだといったことを言う人もいるが，海外からみれば，日本料理は醤油だらけである。

一方で，多様な四季の食材に恵まれていることもあり，単に素材を切るだけ（とはいえ，大変な技術がいる）の「刺身」に象徴されるように，素材の味を生かそうという傾向がある。蕎麦でも「かけ蕎麦」のように，具材を入れずに蕎麦の味そのものを楽しもうとするのは興味深い。

そして，他国の料理も貪欲に取り入れつつ，自国流に完全なるアレンジを加えてしまう。海外の人たちに人気の食は，必ずしも鮨や蕎麦とは限らず，ラーメン，カレー，とんかつといったジャンルが並ぶ。中国料理やインド料理，フランス料理からのアレンジ（諸説あるが）の料理が日本の象徴のようにとらえられている点は，非常に興味深い点といえるだろう。

## ２．料飲サービス産業の概要と特性

### （１）料飲サービス産業の概要

前節でみたように，料飲サービスというビジネスそのものは昔からあった。江戸時代の浮世絵にも，鮨などの屋台が描かれている。ただし，産業化したのは，わが国では第二次世界大戦後，特に高度成長期前後のことである。それを牽引したのは，以下の２つの仕組みの開発が大きい。

・セントラル・キッチン・システム
・フランチャイズ・システムによるチェーン展開

セントラル・キッチンとは，複数店舗の料理を一括で加工する仕組みのことである。ここでは，料理の途中段階まで食材を加工しておき，店舗では極端な場合には暖めて盛り付けるだけで済むようにする。これによって，品質を一定に保ち，規模の利益を享受することが可能となるなど，多くのメリットがある。各店舗で通常の料理をするということになると，その店舗数以上の料理人が必要となり，品質も一定にはなりにくい。こうした問題点を一挙に解決することで，多店舗化に踏み切りやすい環境が整えられた。

　さらに，チェーン展開に際しても，自社で資金調達をして物件を購入または賃貸借契約し，内装をしつらえ，人を揃えるとなると，直接的なコストがかかることはもちろん，チェーン展開のスピードも遅くなる。そのため，競合他社にいい立地を押さえられてしまうだけでなく，規模の利益や経験効果で遅れを取ることにもなる。そこで，自社はブランドと半加工済みの食材提供に注力し，各店舗はオーナーを募ってそのオーナーの責任で経営をしてもらう仕組みが導入された。これをフランチャイズ・システム（FC）という。FC は料飲サービス産業のみならず，コンビニエンス・ストアのような小売業態にも波及し，サービス業全体の産業化に大きく寄与している。

　こうした仕組みを取り入れて，料飲サービス産業（外食産業）は 1970 年代以降，大きく発展したのである（図表4－2）。

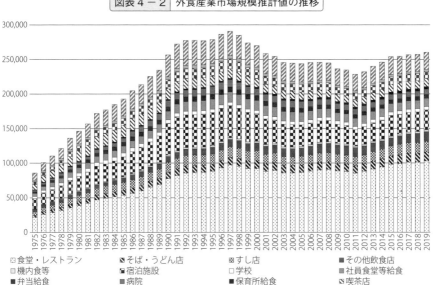

| 図表4－2 | 外食産業市場規模推計値の推移 |

（注）1978 年以前の飲食店及び喫茶店の市場規模には百貨店等直営店の飲食店・喫茶店の売上が含まれていない。
　　　また，テイクアウトの売上比率が 50％未満は飲食店に含まれる。
出典：（一社）日本フードサービス協会調べ。

　1970 年代以降，外食産業は右肩上がりの成長を続けてきたが，1990 年代に入ると成熟化の兆しがみえはじめ，2000 年代に入ると市場が縮小しはじめることになる。これは，他のサービス産業・ホスピタリティ産業でも同様の動きがみられるところがある。

　それまで料飲サービス産業の成長を牽引したのは，ファースト・フード（FF）とファミリー・レストラン（FR），そして居酒屋といった業態である。

　パンの間にハンバーグと野菜をはさんだ「ハンバーガー」をわが国に導入したファースト・フードは，1970 年代前半に登場してから急成長を遂げた。また，和洋中の多様なメニューを取り揃えたファミリー・レストランや居酒屋も同様である。それぞれの業態を，少し詳しく検討する。

　ハンバーガー系の FF は，ほとんどが FC による展開を基本としているが，米国本社企業との契約によるエリア・フランチャイジーによるものと，わが国独自のフランチャイズに大別される。

　1971（昭和 46）年に銀座三越に開店したのが「マクドナルド」である。米国マクドナルドの日本におけるエリア・フランチャイジーとなる日本マクドナルドがスタートさせた。現在では同一ブランドの料飲サービス店舗としては，わが国最大級の売り上げとなっている。また，1972（昭和 47）年には「モスバーガー」がスタートした。こちらは日本独自の味を追求し，「テリヤキバーガー」の開発などに結実している。

　わが国独自の FF としては，牛丼店と立ち食い蕎麦屋が挙げられよう。

　牛丼の「吉野家」はもともと，明治時代に当時の魚河岸があった日本橋で開業し，のちに魚河岸の築地市場への移転とともに築地に移転開業したという歴史を持つ。1960 年代後半からチェーン展開を開始しはじめ，1970 年代に急速に成長した。1980（昭和 55）年に一度倒産したが，当時破竹の勢いだったセゾングループのもとで再建を果たしている。現在は，うどん店の「はなまるうどん」，ラーメン店の「せたが屋」なども傘下におさめている。

　同様に牛丼で有名な「松屋」は，1968（昭和 43）年に 1 号店が開店している。最近は，とんかつ店のチェーン展開に注力している。また，ゼンショーが運営

する「すき家」は牛丼とカレーでも有名であるが，比較的後発で，1982（昭和57）年に1号店が開店している。すべて直営である。

　吉野家はFC店舗も一定程度あるが，松屋はほとんどが直営となっている点が興味深い。他にも，天丼，カツ丼などのチェーン店がある。

　立ち食い蕎麦屋は，各地に小規模事業者が存在する。蕎麦に関してはどうしても地域性や店舗ごとの個性が生じやすく，特定の地域での出店となりやすい。1972（昭和47）年に「名代富士そば」を創業したダイタングループ，1974（昭和49）年に三ツ和が開業した「小諸そば」，1994（平成6）年に1号店が開店した「ゆで太郎」が比較的規模が大きい。

　鉄道の駅に蕎麦店があるのは日本の大きな特徴の1つといえるだろう。かつては地元の駅弁業者が出店しているケースが多かったが，昨今は鉄道会社の子会社による経営が増えている。JR東日本の「あじさい茶屋」，小田急電鉄の「箱根そば」，京王電鉄の「高幡そば」など，各社それぞれのブランドで展開している。

　1985（昭和60）年に居酒屋の「トリドール三番館」で創業したトリドールは，2000（平成12）年にうどん店の「丸亀製麺」1号店を開店し，現在ではこのブランドが主軸となっている。基本的には直営店での展開となる。また，前述した「はなまるうどん」は2000（平成12）年に1号店が開店している。

　独自性の高いものでは，1970（昭和45）年に1号店が開店した「ケンタッキー・フライド・チキン」も米国KFCコーポレーション社とのFCである。

　1970（昭和45）年，「スカイラーク」（後にひらがな表記に変更）を出店したすかいらーくは，1980年代に入るとコーヒーショップ的な位置づけとなる「ジョナサン」，中華料理専門の「バーミヤン」といった差別化志向の店舗を開発した。そして，1992（平成4）年に低価格業態の「ガスト」を開店し，現在はこれが主力である。1970年代後半には「サイゼリヤ」もチェーン展開をスタートしている。

　2000年代以降は，M&Aが盛んに行われ，業界の構図も大きく変化していった。その結果として，直営を基本とする企業からFCを基本とする企業まで，

あるいは同一企業（グループ）に単一ブランドで展開する企業から複数ブランドで展開する企業まで，多様なスタイルが出現することになった。直営とFCも，単一ブランドも複数ブランドもそれぞれ一長一短があり，各企業の戦略にしたがっていると想像される。2018年における売上は，図表4-3のとおりである。

なお，米国など諸外国ではManaged Servicesというカテゴリーがあり，特

| | 企業名 | 2018年度売上（百万円） | 店舗ブランド名 |
|---|---|---|---|
| | **図表4-3** 料飲サービス産業売上上位30社（2018年） | | |
| 1 | ゼンショーホールディングス | 544,028 | すき家，なか卯，ココス，はま寿司など |
| 2 | すかいらーくグループ | 359,445 | ガスト，バーミヤン，ジョナサン，夢庵，藍屋など |
| 3 | 日本マクドナルドホールディングス | 253,640 | マクドナルド |
| 4 | コロワイド | 234,444 | 牛角，温野菜，フレッシュネスバーガー，かっぱ寿司など |
| 5 | 吉野家ホールディングス | 188,623 | 吉野家 |
| 6 | サイゼリヤ | 148,360 | サイゼリヤ |
| 7 | プレナス | 140,972 | やよい軒，MK，ほっともっとなど |
| 8 | ロイヤルホールディングス | 135,563 | ロイヤルホスト，シズラー，てんやなど |
| 9 | ドトール・日レスホールディングス | 126,927 | ドトールコーヒー，エクセルシオール，洋麺屋五右衛門など |
| 10 | くらコーポレーション | 122,766 | くら寿司 |
| 11 | クリエイトレストランツホールディングス | 113,525 | 磯丸水産，つけめんTETSUなど |
| 12 | トリドールホールディングス | 101,779 | 丸亀製麺，長田本庄軒など |
| 13 | ワタミ | 100,312 | 和民など |
| 14 | 松屋フーズ | 89,039 | 松屋 |
| 15 | 日本KFCホールディングス | 88,032 | ケンタッキーフライドチキン |
| 16 | カッパ・クリエイト | 79,422 | かっぱ寿司 |
| 17 | 王将フードサービス | 75,078 | 餃子の王将 |
| 18 | モスフードサービス | 70,929 | モスバーガー |
| 19 | サンマルクホールディングス | 67,512 | サンマルクカフェなど |
| 20 | ジョイフル | 65,642 | ジョイフル |
| 21 | 大庄 | 63,957 | 庄や，やるき茶屋，歌うんだ村など |
| 22 | チムニー | 58,792 | はなの舞，チムニー，池田屋など |
| 23 | ココスジャパン | 58,532 | COCO'S |
| 24 | アトム | 52,663 | ステーキ宮，甘太郎，時遊館など |
| 25 | ロック・フィールド | 50,720 | VEGETERIA，神戸コロッケ，いとはんなど |
| 26 | ハークスレイ | 48,028 | ほっかほっか亭，Nord Bakeri ALFHEIMなど |
| 27 | 物語コーポレーション | 44,596 | 焼肉きんぐ，丸源ラーメン，ゆず庵など |
| 28 | 木曽路 | 44,347 | 木曽路 |
| 29 | リンガーハット | 43,844 | リンガーハット |
| 30 | 柿安本店 | 43,580 | 柿安など |

出典：各社決算資料より。

定施設や企業，すなわち企業，学校，病院，軍隊，航空などで供食サービスを提供する主体を指している。ただし，わが国ではこうした主体を別枠で言及することはあまりないうえ，近年では，IT 関連の環境維持に関するサービスを提供している企業を「マネージド・サービス・プロバイダ」と呼び，そこで提供されているサービスを指すことが一般的となってしまっている。

## （2）料飲サービス産業の特性

　このビジネスには，料理と飲料という「モノ」を提供するという側面もあるが，一方で，そこで過ごす時間と，その際に必要とされる「サービス」を提供しているという側面もある。そのため，モノを提供する面での特性と，サービスとしての特性の双方が付帯することになる。

　まず，食品や飲料には賞味期限がある。そのため，その期限内に提供する必要があり，もしも売れ残ってしまった場合には，これらを廃棄せざるをえず，それはロスということになってしまう。また，食材を仕入れる際には，不可食部分が含まれていることも多い。例えば骨などであり，廃棄した場合には原価率に影響を及ぼすことになる。こうした，食材のロスや原価率に関わる問題は，その後に食品偽装事件などが発生する遠因にもなっている。詳しくは次節で述べる。

　そして，本来は食材や飲料は，特定の地域性を色濃く反映するもののはずであるが，セントラル・キッチンを活用すると，どうしても地域性が薄まってしまうことになりかねない。FF や FR の場合には，むしろ全体的な統一感こそがブランド・イメージも形成することから強みにもなりえるが，やや高価格帯の場合にはセントラル・キッチンには馴染みにくい側面もある。

　こうした食材に関する対応としては，いわゆる「業務用食材」と呼ばれる半加工食品の活用も視野に入れられよう。セントラル・キッチンとは異なり，各地の食品事業者が半加工したものも多く，冷蔵・冷凍や真空パックの活用により賞味期限は比較的長いうえに地域性もある程度は担保できる。最近では高価格帯のホテルなどでも活用されている。

　他方，サービスにおいては，一度でも利用しないと事前には品質がわからないという特性がある。事前に品質が判断しうる財を探索財というが，事前に品質が判断できないが，利用すればある程度把握できる財を経験財という。なお，実際に利用しても判断しかねる信頼財というものもある。サービスの多くは経験財または信頼財である。

　そして，サービス提供側とお客様側との協働作業が必要となる場合がある。これは，セルフ・サービス店においてお客様自身が運ばなければならないということ以外にも，メニューを選ぶ，調味する，などはお客様にしていただかざるをえず，その際のやり取りにも参加してもらう必要がある。

　さらに，需要に大きな偏りがあることも問題である。食事の時間は特定の時間帯に集中しがちであり，さらに，飲酒をともなう会食は週末に集中しがちとなる。

　サービスとしての特性は，もう1つ重要なポイントがあるが，それは次節で詳述する。

## 3．料飲サービス産業におけるホスピタリティ

　繰り返すが，この産業では料理と飲料というモノの要素と，そこで提供されるサービスの要素とを，複合的に提供しているという点が重要である。その意味では，注文された料理を正確に提供するという確実性が必要な対応と，お客様とのやり取りにおける，不確実性を前提とした関係性のマネジメントの双方がポイントとなる。

　2000年代後半から2010年代前半は，料飲サービス産業にとって波乱の時代であった。世界的な料理ガイドブックである『ミシュラン』の日本版が2007（平成19）年に初めて刊行され，世界でも初めて鮨店や和食店が3つ星を獲得し，大きな話題となった。

　一方で，同年には有名料亭や大規模チェーン，ミシュラン3つ星の店舗による，賞味期限切れ商品の販売，産地偽装，残り物の使い回し，品質不良などが

発覚し，大問題となった。これは2010年代に入ってから再燃し，今度は高級ホテルでのブランド食材偽装事件につながっていった。特に牛肉や鶏肉，エビなどの表記に関して，再検討する契機ともなった。

　こうした食材や飲料に関しては，景品表示法なども参照しつつ，お客様に虚偽の提示をしてはならないのは当然である。また，ホテルでよくみられる「サービス料」の扱いについても，時に検討の俎上に乗ることがある。いずれにせよ，取引の前提となる部分に関しては，明確化することで不確実性を排除することが重要となる。

　そして，前節でも検討したように，料理や飲料といった「モノ」はともかく，サービスに関しては，品質や性質が不安定とならざるをえないという特性もある。

　事前に品質がわからないうえに，サービス提供側にメニュー選択を委ねる必要性が生じる場合もある。すなわち，「お任せ」や「コース」での料理・飲料の提供が該当する。これは，取引における社会的不確実性，すなわち，期待どおりの対応になるとは限らないという不安感につながりかねない。ただし，お客様側はそれによる情報削減も可能である。つまり，例えば，鮨屋では職人にお任せすることで，旬の魚を知らなくても，問題無く楽しむことができるのである。

　そして，サービスが提供されるプロセスそのものは，スタッフによってどうしても相違が生じざるをえない。特に，会話の内容などは，得意分野によって異なるのが当然である。これも，サービスの不安定さにつながることになる。

　こうしたことを踏まえると，わが国における料飲サービス産業において特徴的なものが，カウンターの存在であるといえよう。カウンターにおいては，目の前で料理人が料理を作るプロセスそのものもサービスとして提供しているということになる。また，場合によっては，お客様の好みに合わせてその場で調整も可能である。そして，会話などのコミュニケーションを通じて，主観的品質の向上にも寄与している。さらに，カウンターとは，実は相席でもあるため，客席効率も高いケースがある。

　要は，サービス提供側とお客様側との関係において，不確実性があるからこ

図表 4 − 4 | Tapas Molecular Bar at Mandarin Oriental, Tokyo における調理

出典：図表 4 − 5 とも，著者撮影。

図表 4 − 5 | Tapas Molecular Bar at Mandarin Oriental, Tokyo の前菜

そ，関係性をマネジメントすることでこれをむしろプラスに転換しているということである。カウンターは，そのために絶好の場であるといえるだろう。

　近年では，これをさらに進めた「劇場型」などと称される，カウンターでのサービス提供の一形態も出現してきている。カウンター内をステージに見立て，そこで，エスプーマと呼ばれる泡化させる技術や液体窒素を用いるなどし，場合によってはカウンター上にプロジェクション・マッピングを投射するなど，最新技術も駆使しつつ，「目でも楽しめる」料飲サービス施設を提供しているのである。

　こうした店舗は複数のお客様が一斉に食事をスタートする必要があるなどホ

スピタリティ面では逆行しているように感じられる点があることは否めない。しかし，それを補って余りある面白さを感じられるのもまた確かであり，新しいカテゴリーとなることが期待される。

## 4．料飲サービス産業の課題

　昨今話題の SDGs の流れも踏まえると，料飲サービス産業には以下のような課題がある。

　食材のロスに関しては，対策が大いに求められている。ただし，これはお客様側の協力も必要であり，消費者の意識改革もうながしていく必要があるだろう。ただし，飲み放題や食べ放題といった仕組みそのものにも，検討の余地があるように思われる。

　また，人的対応の多さがコストを圧迫している。そのため，低価格店を中心に，今後はロボットなどの活用も視野に入ってくることになろう。もちろん，高価格帯の店舗では逆に人的対応こそが需要であるだろうが，これまではなんでも人に頼りすぎだったのではないだろうか。他にも，例えば IT 技術の活用によって解決できることは多くある。

　そして，ロボットや IT 技術に限らず，前節でも論じたような，液体窒素などの調理に関する新技術や新素材の活用も，果敢に取り入れていく必要があるだろう。伝統も重要であるが，それを十分に身につけた料理人が果敢に新技術にもチャレンジすることは，業界全体のイノベーションにもつながっていくはずである。

　さらに，これが最も重要な点と著者は考えているが，料飲サービス産業の社会的存在意義を見つめなおす必要があるのではないだろうか。コロナ禍において，料飲サービス産業は，ある意味「悪者」のレッテルを貼られ，休業や時間短縮を余儀なくされた。確かに，回転率や座席効率を重視したビジネスモデルが基本となっていたケースもあり，その結果として，いわゆる「三密」になってしまっていた店があったことも事実である。

　しかし，料飲サービス産業とは，美味しいものを通じて人を幸せにするビジネスのはずである。コロナ禍でこそ，その重要性にも目を向けてもらえるような方向性の対応は，できないものであったのだろうか。この点は，われわれ学術の側でも反省すべき点があろう。

　最後に，農業，漁業との連携をさらに強めていくことも模索できよう。昨今では生産者の「顔が見える」ような食材を取り入れている店も多いが，これをさらに進めていくことも可能ではないだろうか。

　例えば，都市近郊の農園を軸とした，食にまつわるビジネスも増えている。国立にある「くにたち はたけんぼ」では，田畑を軸としたさまざまな活動を展開している。農園であることから，当然ながら料飲に関わりの深い企画も多く，いくつかの企画には熱烈なファンもいる。近年，着地型観光という言葉が注目を集めていたが，これはある意味「着地型料飲施設」ともいえるように感じられる。

　コロナ禍以降，都心からの脱出も増えている状況で，一等地への立地が重要であるといった，これまでの常識にとらわれない新しい料飲サービスが，今後，続々と誕生してくることが期待される。

【主要参考文献】
小野　淳（2018），『東京農業クリエイターズ』イカロス出版.
小野　淳（2021），『食と農のプチ起業』イカロス出版.
熊倉功夫（2007），『日本料理の歴史』吉川弘文館.
徳江順一郎（2007），「飲食サービス業における戦略マネジメント」『ツーリズム学会誌』第7号，pp.18-34.
徳江順一郎（2011），「不確実性を軸とした主体間関係性マネジメント―対面サービスにおける事例」『Hospitality』第18号，pp.121-130.
日本フードサービス学会編（2015），『現代フードサービス論』創成社.
松本栄文（2014），『日本料理と天皇』枻出版社.
茂木信太郎（2017），『フードサービスの教科書』創成社.

（徳江順一郎）

# ホスピタリティ産業2：
# セレモニー産業

## 1．わが国におけるセレモニー産業の歴史

（1）セレモニー産業の概略

　正式な学術用語ではないが，「セレモニー産業」は，いわゆる「冠婚葬祭」
を中心とした，個人の儀礼・儀式に対応する産業全般である。ただし，こうし
た儀礼・儀式には，学校の入卒業式や企業の入社式などのように，組織が主体
となるケースもあり，この場合にはいわゆる広告会社やイベント会社などが対
応することになる。そのため，通常は個人が主体となる儀礼・儀式を執り行う
際に対応する産業が，セレモニー産業ということになる。

　個人の儀礼・儀式のうち，「冠」は成人式を指している。今の日本では，ほ
とんどの場合に自治体が主体となって成人式が催行される。そのため，これも
セレモニー産業が関わることはほとんどない。ただし，美容・衣裳といった要
素にはセレモニー産業（理美容業，貸衣裳業）が関わってくる。

　「婚」は結婚にまつわる諸行事となる。これにはブライダル産業とその関連
産業が対応する。そして，「葬」は人が亡くなった際の一連の儀礼・儀式であ
るが，「祭」はいわゆる「おまつり」のことではなく，亡くなった人を偲ぶ行事，
すなわち法事などである。こちらは，寺などの宗教的主体が中心的存在である

が，葬の場合には葬祭業者が関わってくることになる。なお，装花業など，婚葬祭のすべてにわたって関わりを持つ業種もある。

　セレモニー産業が独自のポジションを取っている理由として，宗教的儀礼・儀式が含まれることがある点がポイントとなる。冠に関しては宗教色が排除されているが，同じ成長の儀式としては，七五三などで神社にお参りをしているし，婚に際しても，最近では宗教色を排した「人前式」なども増えてきているとはいえ，神社や教会，チャペルなどでの挙式が圧倒的に多い。葬祭についてはいうまでもないだろう。

　こうしたセレモニー産業におけるわが国の特異性として，ブライダル産業の存在感が大きいことが挙げられる。ブライダル市場は微減傾向にあるとはいえ，関連も含めると 2010 年代はおおよそ 2 兆 2,000 億円〜 2 兆 5,000 億円の市場規模であった（矢野経済研究所調べ）。葬祭業界も 5,000 億円〜 6,000 億円程度の規模があるとされる（経済産業省「特定サービス産業動態統計調査」による）が，斎場が公営であることが多く，さらに宗教的主体が主役であり，この点では他国ともあまり相違はない。これに対して，他国では，ブライダルに関わる事業者は日本ほどの規模感はなく，かつ宗教的主体が主役となっている。

　また，日本ではブライダル関連企業の多くが，葬祭ビジネスにも関係しており，業界構造なども類似している。前述したように，装花業のようにいずれの業界にとっても欠かせない存在もある。

　そこで，本章ではブライダル産業を中心としつつ，適宜，葬祭業（フューネラル・ビジネス）にも触れながら，セレモニー産業について論じていきたい。

## （2）ブライダル産業の歴史

　わが国におけるブライダル産業の存在感が大きいのは，披露宴に対する視点の相違が原因の 1 つと考えられる。意外なことかもしれないが，日本では明治時代に入るまで，実はそもそも結婚式はやっていなかった。とはいえ，結婚に関する儀式がまったくなかったというわけではなく，周りに認めてもらうという側面もある披露宴に近い儀式は，かなり昔から実施されてきたようである。

今でいうところの料亭などで挙行した一部の上流階級を除けば，原則として自宅での宴であり，こうした点からも産業とはほど遠いものであったといえよう。

　日本でも結婚式を行うようになったのは，明治時代に入り，諸外国との付き合いも重要な公務に含まれる皇族が結婚する際に，他国で実施されてきた結婚式をする必要性が生じたからである。そのために，キリスト教式を模した形で神前式の結婚式が創造されるに至った。つまり，1900（明治 33）年，皇太子嘉仁親王（後の大正天皇）の結婚の際に，他国の事例を踏まえつつ神前式の結婚式を挙行したのが，現代につながる結婚式という点からは最初の例である。そして，これと同様の結婚式を望む声が上がるようになったため，日比谷大神宮（現在の東京大神宮）がそれに応えて様式化を図り，一般にも受け入れられたとされる。

　ただし，この様式は非常に手間のかかるものであったため，すぐに広まっていくには至っていない。一般にも広がり，産業化していく鍵となったのは「永島式結婚式」という簡略化した形式の出現がポイントとなる。これは，神棚，神主，巫女，その他の道具をパッケージ化して，その都度用意することを可能とし，その結果として大衆でも利用できるものとなったのである。現在のプロデュース業にも通じる事業であったといえよう。

　第二次世界大戦後には，事前に少額を積み立てておくことで，いざという時に挙式・披露宴ができる仕組みを「互助会」が提供した。これによって，幅広い層が挙式・披露宴を執り行うことが可能となった。

　高度経済成長期になると，テレビの普及もあいまって芸能人の挙式・披露宴が大きくクローズアップされることになる。この流れが，バブル崩壊までの1980 年代終盤にピークを迎える「ハデ婚」のブームにつながっていく。芸能人の挙式・披露宴はテレビの有力コンテンツともなり，高い視聴率を誇るようにもなった。

　ところが，1990 年代に入ると，景気後退の影響もあいまって一気に「ジミ婚」の流れとなる。この時代の新しい挙式・披露宴形態としてレストラン・ウェデ

ィングが増えていったが，レストランではおいしい料理を提供することはできても，それ以外の儀式をするのは難しい面もあった。そこで，「永島式」と同様，プロデュース業の存在感が高まっていった。レストランと協働して，さまざまな演出を手がけたのである。

　こうしたプロデュース会社には，やがて自前の会場を持つ企業も出現するようになった。これが「ゲストハウス」と呼ばれるようになり，そこでの「ハウス・ウェディング」が人気を博すようになる。それまでの専門式場とは異なり，挙式会場と披露宴会場を持つ専用の敷地内で，1日に1〜2組のみの対応とし，アットホームな雰囲気を醸成することに成功した。

　ハウス・ウェディングは2000年代以降の晩婚化と，それによる可処分所得の上昇に対応して，多様な演出を実現することで単価上昇にもつなげ，急成長していった。今ではブライダルの枠にとどまらず，ホテル業に進出している企業もある。

## （3）葬祭業の歴史

　葬祭はもともと，地域における相互扶助を中心として，宗教的存在との協働により実施されてきた。今でも葬祭に関する諸行事は地域性が非常に高く，地域によって多様な枠組みで儀式が執り行われている。祭に関しては，ほとんどの場合に宗教的主体が対応するが，葬に関しては，やはり地域によって大きな差が生じている。

　こうしたことが背景となって，業界にはいわゆる「大企業」は少なく，多くが地元密着型の中小企業により構成されている。なお，これは世界的にも同様で，数百の墓地や火葬場を持つサービス・コーポレーション・インターナショナルも，地域の各主体に関して，同社の色は消している。

　葬祭業の多くは，通夜，告別式といった儀式を準備し，それをつつがなく遂行すること，そして，それにともなって生じるご遺体の対応と，宗教的主体とのやり取りが主たる業務となる。なお，日本の葬祭にはどうしても必要となる火葬場の運営も多様であり，自治体や協同組合によるものが多いが，東京都の

ように私企業が多く関わっているケースもある。

　東京都では，19世紀末のコレラ流行にともない，火葬場の移転・新設が課題となっていた。そのような状況下，1887（明治20）年に日暮里に新しく作られた火葬場を運営する会社として東京博善が設立された。現在同社は，落合，桐ヶ谷などの斎場を経営している。

　一方，総合的な葬祭業といえるのがセレモアホールディングスで，1970（昭和45）年に創業している。同社は火葬場の運営こそしていないが，葬儀を取り巻くさまざまな事業に関わっている。

　近年の特徴としては，料金面の透明化が進行していることと，葬儀仲介の専門事業者が出現してきていることが挙げられる。大手流通業者イオンの子会社であるイオンライフによる「イオンのお葬式」，インターネットを活用して情報提供を中心に仲介もするユニクエストによる「小さなお葬式」などが仲介業者に該当する。また，ブライダル大手のテイクアンドギヴ・ニーズから転身した社長が経営する「むすびす」のようないわゆるベンチャー企業の登場も，新しい流れを形成しているといえるだろう。

## 2．セレモニー産業の概要と特性

### （1）セレモニー産業の概要

　ブライダル産業も葬祭業も，さまざまな要素をお客様の欲求に応じて準備し，会場で儀式を執り行い，料飲の提供をするといった点で共通している。

　ブライダル市場は，大きくはプレ・ブライダル，セレモニー・ブライダル，ハネムーン，ニューライフの4つの市場に分けられる（図表5 - 1）。このうち，ハネムーンは旅行業が主として対応し，ニューライフも不動産，家具・生活雑貨会社，家電メーカーなどが対応している。いずれも，ブライダルに関するビジネスは，付帯事業に近い位置づけであるといえる。その意味からすると，本来的なブライダル産業はプレ・ブライダルとセレモニー・ブライダルということになる。

| 図表 5 - 1 | ブライダルを取り巻く 4 つの市場 |

| | |
|---|---|
| プレ・ブライダル | 結婚情報サービス，マッチング・サービス，ブライダル・エージェント，婚約関連商品店，宝飾店・時計店，互助会，エステティックサロン，カルチャーセンター，ホテル，レストラン，料亭，業界紙誌，興信所，病院，保険会社など |
| セレモニー・ブライダル | 式場・ホテル・会館，貸衣裳店，美容・着付け，ギフト・引出物店（百貨店），神社・教会・寺院，写真店，司会，バンド，録画，音響・照明，フォーマルアパレル，ハイヤー・タクシー，クリーニング店，印刷，キャンドル店，ドライアイス店，生花店，仕出し店，菓子店，設備建設社，銀行・郵便局・信販会社，バンケット会社など |
| ハネムーン | 旅行業，ホテル・旅館，航空会社・鉄道・レンタカー・船舶・ハイヤー・タクシー，旅行用品店，レンタル店，DPE，保険会社，病院，銀行・郵便局・信販会社，百貨店・衣料品店，業界誌など |
| ニューライフ | 家具店，電器店，寝具店，インテリア店，食器店，日用品店，衣料品店，呉服店，不動産，百貨店・月販店・量販店，ハウジングセンター，工務店，引越，保険会社，銀行・郵便局・信販会社，病院など |

出典：『ブライダルマーケットの総合分析』，pp.12-13 をもとに著者作成。

　プレ・ブライダルは，カップルの出会いのきっかけから，プロポーズを経て，挙式・披露宴に至るまでの市場である。対応する業者としては，結婚情報サービス業，マッチング・サービス業やブライダル・ジュエリー関連が代表的であるが，最近ではブライダルエステも成長している。他にも，ブライダル・エージェント，婚約関連商品店，互助会，カルチャーセンター，ホテル，レストラン，料亭，業界紙誌，興信所，病院，保険会社などが該当する。結婚に至るまでの新郎新婦に必要な要素を提供していることになる。

　ブライダルの中核をなすのはセレモニー・ブライダルである。結婚に際しての儀式という側面を持つ挙式（結婚式）と，それを周囲に披露するという側面を持つ披露宴の 2 つの儀式を中心に，それを遂行するための諸要素がアレンジされる。一般的には，諸要素をアレンジするプランナーが所属する会場が主体

となり，多くの関連業者と協働して儀式を遂行する。この儀式には，装花，司式（司会・宗教者），写真・映像，衣装，理美容，紙製品，引き出物など，さまざまな業者が関わっている。この中でも装花，司式などは，ブライダルのみならず葬祭業にとっても重要なパートナーである。

　なお，会場がレストランのように通常の式場ではない場合には，プロデュース会社がこうしたやり取りを担当する。最近では，いわゆるユニークベニューとして城や美術館などが挙式・披露宴会場になることもある。こうした場合にも，プロデュース会社がさまざまな手配を担当することになる。さらには，専門の式場でも，特殊な演出を希望する新郎新婦が，別途プロデュース会社を入れることもある。

　いずれにせよ，新郎新婦は１つの窓口で挙式・披露宴のすべてに関する対応が済むことになる（図表５-２）。

　会場運営をしている事業者としては，専門式場としては八芳園，明治記念館など，互助会系では平安閣，玉姫殿など，2000年代以降急成長したハウス・

図表５-２ 会場・プロデュース会社と協力会社の関係

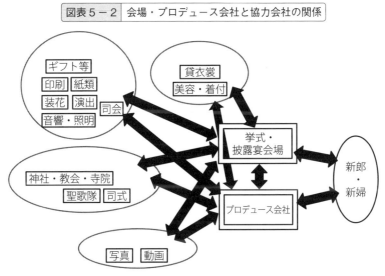

出典：著者作成。

ウェディング系ではテイクアンドギヴ・ニーズ (T&G)，Plan Do See，ディアーズ・ブレインなど，レストラン系ではひらまつといったところが代表格といえよう。また，ホテルでも，椿山荘や目黒雅叙園のように，かつては専業かそれに近かったケースもあれば，パレスホテル，帝国ホテルなどのような存在もある。その他では，海外ブライダルに注力していたワタベ・ウェディングなども一定のポジションを得ていた。

　なお，このうち互助会は，ブライダルの会場と葬祭の会場と，双方を経営していることも多い。


## （2）セレモニー産業の特性

　基本的には一生に一度の儀式に対応するのがセレモニー産業である。そのため，家や自動車のように購入後も使い続けられるものとは異なり，思い出など以外はあとに残らないサービスとしては，非常に高額なものとならざるをえない。また，同様の理由から，儀式の個別性が高くなる傾向にある。時代によっては「大量生産」に近い状況となっていたこともあったが，それでも，それなりの個別性は保たれていた。

　ブライダル産業と葬祭業で大きく異なるのは，事前にサービス提供が必要とされるタイミングの確定性である。ブライダルでは半年から数カ月前には予約がなされ，それに向けての準備が進められるが，葬祭の場合には亡くなってからのコンタクトということが多くなり，どうしても事前の準備が難しい。とはいえ，地域性が強くかつ人間関係からの紹介も多いという特性があるため，こうした人間関係をつないでいくことこそが将来の成約につながるという側面もある。

　そして，いずれもマクロ環境の変化，特に人口動態に大きく左右される。少子高齢化はブライダル産業にとって逆風であるが，葬祭業では需要増の可能性がある。この点は，後で詳しく検討したい。

## 3. セレモニー産業におけるホスピタリティ

### （1）セレモニー産業がホスピタリティ産業に入っている理由

　本来的には，宿泊，料飲サービスといった，「旅人の休息」に関係する産業がホスピタリティ産業であるのだが，セレモニー産業はそうではない。それにも関わらずホスピタリティ産業にしばしば位置づけられるのは以下の理由による。

　1つには，わが国のセレモニーは，その歴史的経緯もあって共食すなわち周囲の人々との関係性に意が払われてきたという事実が挙げられる。特にブライダルでは，共食の場である披露宴こそが「結婚の儀式」であり，いわゆる「結婚式」をしてこなかったという点がこのことを象徴している。そのため，セレモニー産業は料飲サービス産業ともきわめて近い業種である。異なるのは儀式的側面ということになる。

　もう1つには，披露宴ではさまざまな余興や演出が行われるが，これが旅人をもてなしたエンターテインメントの要素につながる点である。ここからは，葬祭業はホスピタリティ産業に入らないようにも感じられるかもしれないが，ブライダル産業との共通項の多さから，実際には同じように扱われているのが現実である。

　さらに，わが国ではホテルもブライダルに大きく関わってきたという点も見逃せない。ホテルが総合的なホスピタリティ産業の代表格であるという観点からすれば，その中でも大きな売上を占める宴会部門もホスピタリティ産業の一角を成すと考えることは自然である。

### （2）セレモニー産業のホスピタリティ

　さて，こうしたセレモニー産業においてポイントとなるホスピタリティは，以下のとおりである。

　一般的な儀式の流れはあるものの，その詳細については，他産業と異なり，

セレモニーの多くは個別性の高い対応が必要とされる。つまり，1組1組，要望が異なり，オーダーメイドが基本になるということである。お客様それぞれの要望をもとに，協力業者と連携し儀式を実現していかねばならず，この点は他の産業とは異なる特徴といえる。最近は特に，お客様1組1組はもちろんのこと，招待客1人1人に対してまでも個別的な対応が求められることが多くなってきている。しかも，1つ1つの要素について事前にプロセスを詳細まで決めていたとしても，当日に急な変更が生じることもありえるため，応用的な対応力も必要とされる。この理由はあとで再度検討する。

　また，セレモニーのスタイルは時代の変化に大きく影響を受けてきた。その背景としては，特に周囲の人との関係が重要であるわが国では，やはり関係性の変化に意を払う必要があることが大きい。

　そして，儀式には社会的側面があるため，かつては地域のコミュニティとの関係で執り行われてきた。しかし，最近では個人主義が進んだこともあり，地域のコミュニティを軸とせず，業者にすべて任せてしまうスタイルが圧倒的に増えている。例として，葬儀を取り巻く環境の変化を図表5−3と図表5−4に示す。

　また，公的な関係から私的な関係へと，客層も変化したことも重要である。つまり，過去には，仕事上の付き合いや親類縁者などの関係を軸とした「公的な儀式」が基本であったのが，現在では仲の良い友人知人との関係を軸とした「私的なイベント」に変化しているということである。その結果，挙式・披露宴1件1件に対する個別的な対応がより重要性を増したうえに，招待客1人1人に対するさらなる個別対応まで必要とされるようになった。新郎新婦の仕事上の付き合いや親類縁者などとの関係は，基本的に主従関係や上下関係といった定型化した関係であるが，友人知人との関係は千差万別である（図表5−5）。そのため，演出や余興も多様なものへと変化していった。

　さらに，儀式としての演出の意味も込めて，新郎新婦や関係者に対するサプライズが仕掛けられることもある。

　そして，こうした式をプロセスの面からマネジメントするためには，それを

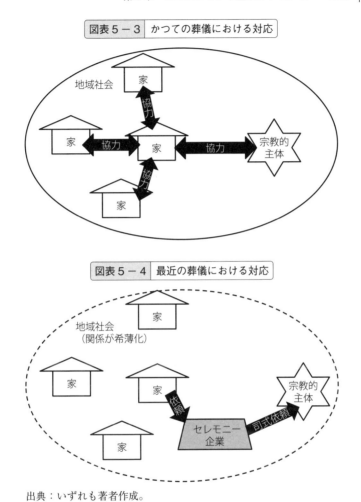

図表5－3　かつての葬儀における対応

図表5－4　最近の葬儀における対応

出典：いずれも著者作成。

遂行してくれるという能力に対する期待と，自分たちを祝って欲しい気持ちを
持ってくれているといった，意図や意思に対しても期待できなければ，プラン
ナーなどの担当者は信頼されないということになる。葬儀でも同様の能力，そ
して故人を安らかに眠らせてあげたいといった意図や意思に対する期待が重要
となる。

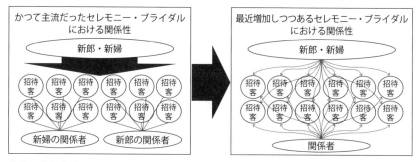

図表5−5　ブライダルにおける関係性マネジメントの変化

出典：著者作成。

　いずれにせよ，一生に一度の買い物である以上，実際に経験するまではその特性がわからないため，担当者はかなりのレベルでの信頼が必要とされることになる。この点も，ホスピタリティの醸成に通じよう。

## 4．セレモニー産業の現状と課題

　前述したように，セレモニー産業は人口動態を中心とするマクロ環境に大きく左右される業種である。現在進行している少子高齢化は，ブライダルにおいては顕著な需要の減少につながっており，団塊の世代が後期高齢者となってきている状況で，葬祭業においては供給不足の懸念が生じている。

　また非婚化・未婚化もブライダルに対する逆風であるが，晩婚化は可処分所得の増大による単価上昇ももたらした（図表5−6）。一方で葬祭業の単価は逆に下がっており，さらには「直葬」といわれる，究極的に簡略化した葬儀のスタイルも増えてきつつある。ここにも，少人数で親世代を支えなければならなくなったという少子高齢化の影響が垣間見られる。

　そして，一生に一度の購買行動ということもあり，流行にも大きく左右される。1980年代後半におけるバブル経済の頃には「ハデ婚」が流行したかと思えば，1990年代に入ると「ジミ婚」ブームが到来し，ブライダル産業は打撃

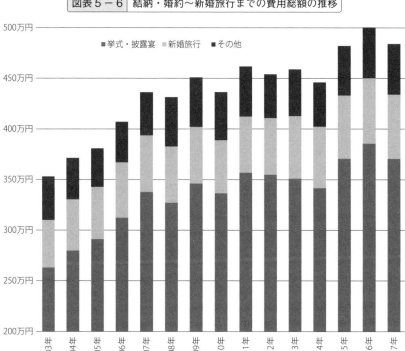

図表5－6　結納・婚約～新婚旅行までの費用総額の推移

出典：『ゼクシィ結婚トレンド調査』（各年度）をもとに著者作成。

を受けた。ところがそれと前後して，スマホの普及に代表される，個人を尊重する空気感が高まるようになった。これは社会関係の希薄化を意味しつつ，前項でも論じた個別性の高い対応の必要性にもつながり，それに対応できた企業が急成長した。

　しかし，少子化が止まっていない以上，ブライダル市場そのものは数十年のスパンで縮小傾向になることが確定している。こうした状況下において生き残りを図るため，ブライダル産業ではさまざまな試みが行われている。例えば，挙式・披露宴の遂行に必要なノウハウを前提として，総合的 MICE 産業への転換を模索したり，ホテル業への進出を図ったりする企業が出現してきてい

る。前者は水平統合，後者は垂直統合になるといえるだろう。

　葬祭業では，これまで不透明感が拭えなかった金額面での透明化をさらに推進し，お客様との安心保障関係を築いていく方向を模索している。新規参入事業者の多くは低価格帯への参入で成功しており，個人主義の進展もあわせて考えると，こうした流れはさらに加速するものと思われる。

【主要参考文献】

五十嵐太郎・村瀬良太（2007），『「結婚式教会」の誕生』春秋社.

石井研士（2005），『結婚式 幸せを創る儀式』日本放送出版協会.

田澤昌枝・境　新一（2004），「挙式・披露宴におけるブライダルビジネスの現状と戦略」『東京家政学院大学紀要』第 44 号，pp.90-110.

帝国ホテル編（1990），『帝国ホテル百年の歩み』帝国ホテル.

徳江順一郎 編著（2014），『ブライダル・ホスピタリティ・マネジメント』創成社.

徳江順一郎 編著（2019），『セレモニー・イベント学へのご招待』晃洋書房.

二村祐輔（2019），「フューネラルとセレモニー」（徳江（2019），第 7 章）

二村祐輔（2020），『「葬祭サービス」の教科書』キクロス社.

山田慎也（2014），「結婚式場の成立と永島婚礼会」，（国立歴史民族博物館編『国立歴史民俗博物館研究報告』第 183 集，国立歴史民族博物館，pp.209-229）.

森下みさ子（1992），『江戸の花嫁』中央公論社.

『ゼクシィ結婚トレンド調査』，リクルート，各年度.

『ブライダルマーケットの総合分析』，ボイス情報，1990 年.

『'81 ブライダルマーケットの現状分析と将来性 ～結婚式場マーケットの地域分析～』矢野経済研究所，1981 年.

『婚礼・ブライダル施設インダストリーデータ 2006』，綜合ユニコム，2006 年.

『ブライダル産業白書 2007 年版』，矢野経済研究所，2006 年.

（徳江順一郎）

# 第6章

# ホスピタリティ産業３：
# 宿泊産業

## １．宿泊産業の歴史

### （1）宿泊産業の登場

① はじめに

　宿泊業は宿泊およびそれに付随するサービスの対価として「宿泊料」を得る産業であるといえよう。旅行者が客室で休息し，睡眠をとり，食事をする行為は「非日常的な生活空間で営まれる日常生活」でもある。それゆえ，宿泊施設は社会状況，生活文化の影響を受けながら，国ごとに異なる発展を遂げた。日本では，日本文化を集約した「旅館」がある一方で，近代になり欧米から輸入された「ホテル」も存在する。なぜ様式の異なる宿泊施設が存在するのか，ここでは宿泊業の歴史的変遷について考えてみよう。

② ヨーロッパにおけるホテルの誕生

　中世のヨーロッパでは，教会・修道院に「旅人のための保護と休息の場」として無償の宿泊施設をともなった「ホスピス（Hospice）」が存在したが，宿泊業が成立・定着していくのは，交易にともなう旅行の増大がみられた 13 世紀後半だといわれる。ヨーロッパでは街道沿いに独立小規模で基本的な食事と宿

泊とサービスを，旅行者から報酬を受けて提供する「イン（Inn）」が発達した。

18世紀後半から産業革命が進行すると，商業に従事する人々の往来が盛んになり，宿泊業が発展していった。19世紀初頭にはヨーロッパの名勝地やリゾート地，そして各国の首都に「グランドホテル」が建設されていった。グランドホテルは王侯貴族や特権階級および国家自体が資本を提供しており，自らの権力を誇示する目的もあり，利潤の追求よりも社会的名誉が重視された。例えばパリ万博にともないナポレオン3世の命によりつくられた「ル・グランホテル」（1862年開業）や，皇帝フランツ・ヨーゼフ1世がウイーン万博のために，放置された宮殿をホテルに改築させた「ホテルインペリアル」（1873年開業）などがその事例であろう。本格的近代ホテルが提供した「ヨーロッパの伝統的もてなし」は，17世紀から18世紀に至る絶対王政の象徴である豪華絢爛なベルサイユ宮殿を基本としていたと評されている。

こうしたホテルを「商品化」したのがヨーロッパでホテル支配人を歴任してきたセザール・リッツであった。彼はパリの「リッツ・ホテル」（1898）を開業し，料理人のエスコフィエとともに，王侯貴族だけではなく，富豪たちの要求にホテルのサービスを通じて応え，今日の高級ホテルサービスの基礎を築いた（岡本（1999）より）。

この時代には産業革命により台頭してきた有産階級としてのブルジョワジーも含めて，非日常的な生活空間を味わえる場としてホテルが求められていた。しかし，これは王侯貴族も含めた上流階級が利用するための施設であり，大衆にホテル利用が広がるのはアメリカでの近代ホテル産業の確立が必要であった。

③ チェーンホテルの誕生とホテルオペレーターの成立

アメリカでは，イギリスの植民地化にともない，「Inn」や「グランドホテル」形式のホテルも輸入されたが，18世紀から19世紀にかけての産業の進展とともに，利益を追求した商業ベースに載せるホテルが発達した。

20世紀に入ると，ホテル経営に大きな影響を与えたエルズワース・スタッ

トラーが登場した。彼は来る大衆旅行時代において中産階級の商用旅行者が増加することに注目し，低料金でありながら「快適さ」，「便利さ」，「清潔さ」をあわせ持ち，一定水準の質の高さが保たれたサービスを提供するホテル経営に力を注いだ。従業員はサービス・コードの小冊子を携帯し，ホテルサービスの基本を理解し，一定の質を持つ接遇ができるよう教育された。彼は全米に低価格ホテルを「所有・直営方式」（詳しくは後述）で開業していった。これがホテルの大衆化のはじまりであると同時に，本格的な「チェーンホテル」のはじまりとなった。近代の欧米におけるホテル形態はグランドホテルとコマーシャル・ホテル（商用ホテル）に大きく二分され，これは現在もつづくホテルの二大潮流ということができるだろう。

　さらに大衆消費社会の成立から発展の過程において，スタットラーのホテルチェーンを買収したコンラッド・ヒルトンなどにより，ホテル業の拡大と近代化が図られていった。ヒルトンは，ホテル経営に科学的管理法の考え方を取り入れ，ホテル運営業務の標準化などを図るとともに，ホテル内にアーケードと呼ばれるショッピング街，飲食施設としての複数のレストランを設けるなどしてホテル機能を拡大させていった。ヒルトン社はホテルの運営（オペレーション）だけを担当する運営受委託方式（マネジメント・コントラクト：詳しくは後述）の導入に成功し，所有，経営，さらには運営を分離させることにより，海外も含めた大規模なチェーン展開を可能にした。ヒルトンはホテル経営の近代化に取り組むとともに，ホテル経営を国際的事業にまで成長させたといえよう（岡本（1999）より）。

　第二次世界大戦後には，アメリカ人の交通手段は自動車が主流になった。これに目を付けたケモンズ・ウイルソンは自動車旅行者を対象とした駐車場つきモテル（Motel, Motorist's Hotel）を「フランチャイズ方式」（詳しくは後述）を用いて普及させ，「ホリデイ・イン・チェーン」を創始した。街道沿いにあり，利便性に富んだモテルは，地方都市を中心に発展した。また，のちに世界最大のホテルチェーンとなるマリオット・ホテルは，1970年代にホテル物件（不動産）の所有をせず，経営に注力する方向を明確にし，「賃貸借方式」のビジネ

スモデルへ企業方針を転換させた。それまではホテル数を増やすためには自社で資金調達をしなくてはならなかったが，建設したホテルを投資家に売却して家賃を払うようにすることで，資金負担を軽くすることが可能になった。

　ヨーロッパで誕生したホテルは，大衆化社会が進行したアメリカにおいて多様な経営形態を持つ近代ホテル産業として確立した。現在では，世界131の国と地域に30のブランド，7,000を超えるホテルを展開するマリオット・インターナショナルなどのメガ・ホテル・チェーンをはじめ，ザ・ペニンシュラ・ホテルズなどのラグジュアリー・チェーン，アマンリゾーツなどのスモールラグジュアリーチェーンなどが世界中で展開している。

## （2）わが国における宿泊産業の発展

### ① 旅館の誕生

　古代から「宿泊施設」は存在したが，「宿泊業」が確立されるのは交通網の発達とともに私的営業の宿泊施設が全国的に整備された江戸時代に入ってからであった。江戸幕府は，主要街道の整備と拡充とを目指す政策を定め，これにより東海道五十三次などの宿場（宿駅）整備が行われた。宿場には勅使，大名および公務旅行者が休息・宿泊する格式の高い「本陣」と「脇本陣」，一般庶民が利用する1泊2食が付いた「旅籠」や格安の「木賃宿」など，利用者の身分や価格に応じて異なる宿泊施設が設けられていた。宿場は基本的に短期滞在であったが，湯治（温泉療養）を基本とした温泉地は数週間の長期滞在地であり，滞在型の湯治宿が成立していった。

　近代になると鉄道の整備にともなって，江戸時代に街道沿いに発達した本陣や旅籠などの宿泊施設は利用者の減少とともに消え去り，代わって鉄道の駅近くには，「駅前旅館」が誕生していった。この駅前旅館は，江戸時代までに発達した本陣・旅籠・湯治宿などが，それぞれに保持していた「個室での宿泊」，「1泊2食付き」，「入浴」などの機能を集約した利便性の高い宿泊施設として考案された。現代に続く駅前旅館，温泉旅館，観光旅館，割烹旅館は，基本的にこのような機能を踏襲し発展していった。

　第二次世界大戦後，マスツーリズムの時代になると，成人男性中心の慰安目的の団体旅行が急増した。大手旅行業者は旅館を選定して「協定旅館」として送客契約を結ぶことによって，旅行業者主導の旅館系列化が進んだ。消費者から旅館側に直接予約を取る方法が限られる状況において，旅館の旅行会社への依存が高まった。旅館は温泉地を中心に団体客向けに大規模化して施設の標準化が進行し，公平で均質的な人的サービスが求められるようになった。

　さらにバブル経済が花開いた1980年代からは，施設が大型化・豪華化しホテル並みの規模と設備を持つ旅館も増加した。また，日本建築の高級旅館も増加し，低層階の数寄屋づくりの建物や懐石料理などに加え，個別性の高い人的サービスを提供し，接待などの法人需要などにも対応した。しかし，バブル崩壊後には，団体・法人利用の減少，個人客，女性客の増加など，消費者の欲求の多様化により，従来の大規模旅館は苦戦を強いられ，旅館数は1987（昭和62）年の8万3,226軒から，現在では半数以下になっている。

　2000年代からは倒産した旅館を再生させる企業も登場し，星野リゾート（高価格帯）や湯快リゾート，大江戸温泉（低価格帯）などが急成長した。近年では消費者のニーズに対応し，明確なコンセプトを持つことにより，他との差別化を図り人気を得る個性的な旅館も増加しており，新たな時代の旅館像への模索が続いている。

② ホテル業の発達

　幕末期から明治初期には，欧米との交流に対応して，1868（慶応4）年に東京築地の外国人居留地に「ホテル館（築地ホテル館）」が建設された。それ以前にも，横浜に「ヨコハマホテル」などが開業しているが，本格的なものとしては，「ホテル館」がわが国最初のホテルとされる。1890（明治23）年には官民の協力によって首都東京に本格的近代ホテルとして「帝国ホテル」が開設された。また外国人向けリゾートホテルとして「富士屋ホテル」が1878（明治11）年に箱根に，「金谷ホテル」が1893（明治26）年に日光に誕生した（ただし，前身となる「カッテイジ・イン」は1873（明治6）年に開業）。この時代のホテルは外

国人および華族・政財界などの上流階級の人びとが利用するものであった。

第二次世界大戦後には東京でオリンピック（1964年），大阪で日本万国博覧会（1970年）という国際的イベントが相次いで開催され，東京・大阪を中心としてホテルの建設ラッシュが起きた。さらに1970年代以降には私鉄運営企業が鉄道沿線にホテルを建設・運営しチェーン展開を進め，ホテルは一般の人びとの宿泊施設としても利用されはじめた。1960年代には「帝国ホテル」とともに後に「御三家」といわれることになる「ホテルオークラ」（1962年），「ホテルニューオータニ」（1964）をはじめ，わが国初の「外資系」ホテルとなる「東京ヒルトンホテル」（後に新宿に移転）など，大型の宴会施設と多様な料飲施設を持つ「フル・サービス型ホテル」（詳しくは後述）が企業取引先の接待や宴会，婚礼披露宴などの「特別な場」として人気を博した。こうしたホテルの利用形態の発展にともない，日本におけるホテルは，諸外国に比べ，宴会・料飲部門の売上比率が大きい特徴が生まれた。

③　1990年代以降の変化

1990年代からは御三家を超える高価格の外資系ホテルが相次いで東京，京阪神に進出した。外資系が増加した背景には，海外旅行が一般化し外資ブランドになじみが生じたことに加え，バブル経済崩壊後に停滞した土地の再開発の促進があったといわれる。政府が都市部の建物の容積率を緩和したことにともない，土地開発者は高層ビルの上層階を有名ホテルとして，周辺地域のブランド力を高めるとともに建物を有効利用できたため，土地所有者・開発者等は積極的に海外ブランドを誘致した。

一方で，客室を主力商品として，飲食機能，宴会機能を持たず宿泊に特化したホテルもシェアを拡大しており，ホテル数の増加と宿泊業の二極化（高級化と低価格化）が進行している（図表6−1）。

**図表6－1** ホテルの発展経緯と特徴

| 時代区分 | 主たる利用者 | 建設の目的 | 経営方針の性格 | 組織 | 施設の性格 |
|---|---|---|---|---|---|
| 古代～中世 | 宗教的・経済的・軍事的目的による旅行者 | ホスピス，INN の時代 駅伝制度・慈善，自然発生的 | 社会的義務 | 独立小規模 | 最低必要条件の確保 |
| 近世 | 特権階級（王侯貴族） | グランド・ホテルの時代 社会的名誉 | 特権階級のための社交と宿泊の場 | 独立小規模 | 豪華絢爛 |
| 近代 | 富裕階層（王侯貴族，ブルジョアジー） | | 王侯・貴族趣味志向 付加的価値の増大 | 独立中小規模 | 豪華絢爛，伝統的なもてなしの享受 |
| 近代（20世紀初頭以降） | 商用旅行者 | ホテル大衆化時代 利潤追求（中小資本） | 費用志向 薄利多売 | チェーン化 スケールメリットの追求 | 施設設備の標準化，利便化，簡素化，低コスト化，運営業務の標準化 |
| 現代（20世紀後半） | 商用旅行者，観光旅行者，地元住民 | 新しい時代のホテル 多様な目的（大資本の参入）国民福祉（公共投資の増大） | マーケティング志向 経営の多角化 | チェーン化理論の多様化 | ホテル機能の拡大 個性化，イベント・用途開発重視 |
| 現代（21世紀初頭） | 商用旅行者，観光旅行者，地元住民 | ホテル多様化の時代 多様な目的（大資本の参入，異業種等の参入） | 経営の多角化 不動産投資 | チェーン化理論の多様化 | 個性化，宿泊特化型とラグジュアリーの二極化，ライフスタイルホテルなど新たな形態の登場 |

出典：原・岡本（1979）に著者加筆。

# ２．宿泊産業の概要と特性

## （1）宿泊産業の概要

### ① 宿泊産業の定義

　日本では「旅館業法」によって，宿泊業が「宿泊料を受けて人を宿泊させる営業」と定義されている。宿泊施設の種類としては①旅館・ホテル営業，②簡易宿所営業（多数人で共用する構造及び設備：ベッドハウス，山小屋，スキー小屋など），③下宿営業（原則として1月以上の期間を単位として宿泊）に分類されている。さらに民家に宿泊する民泊（住宅宿泊事業法）も登場している。旅館業法改正（2018）前までは，旅館営業，ホテル営業を区別しており，旅館は「和式の構造及び設備を主とする施設を設けてする営業」，ホテルは「洋式の構造及び

68

設備を主とする施設を設けてする営業」と定義されていた。しかし，生活水準の向上および生活文化の変化にともない，ベッドなど西洋的な様式を取り入れた旅館が増える一方で，ホテルも日本的なデザインや様式を取り入れはじめており，両者の境目が曖昧になっている。現在の条文では，旅館・ホテルを明確に区別する文言は削除された。消費者の生活水準の向上，西洋式生活形態の普及は，生活文化の延長に存在している宿泊施設にも大きな影響を与えており，宿泊業界自体が転換期を迎えているといえよう。

宿泊業の基本的な商品は，安心・安全・快適に消費者が滞在するための客室というハード面と，それに付随する人的サービスやシステムなどのソフト面の両方を兼ね備えることで構成されている。ここでは，ホテルを事例に宿泊産業の分類と業務について考えてみよう。

② 宿泊産業の分類

宿泊業は主に①機能，②価格，③立地，④その他（星数，格付け，様式，利用形態，コンセプト）などで大別される（図表6−2）。機能面では，客室以外の多様な料飲サービス施設や各種の宴会場を持つ場合に「フル・サービス型」，宿泊以外は提供しないか，最小限の要素のみ備える場合に「リミテッド・サービス型」に分けられる。わが国においては，基本的に価格帯とこの付帯サービスの有無あるいは多寡の2軸によって宿泊業が分類され，1990年代までは，フル・サービス型ホテルが高価格帯であった。しかし，2000年代以降は外資系を中心にリミテッド・サービス型でも，客室面積やパブリックスペースを広く確保し，高級な料飲施設の設置，個別性の高い接遇を行うことで，高価格を実現したホテルが増加した。そのため現在では，リミテッド・サービス型は，都市部・地方都市部において宿泊に特化し，人件費，設備費を抑えて安価にしたバジェット型と，都市部・観光地などで宴会施設などは持たないが，宿泊に特化し広く洗練されたスペースを持ち，接遇面を手厚くした施設の両方が存在している。

観光業にとって立地もまた大きな要素であり，大立地（地域全体）と小立地

| 図表6－2 | 宿泊産業の分類 |
| --- | --- |

| 機能 | 価格 | 立地 | その他 |
| --- | --- | --- | --- |
| フルサービス<br>客室，料飲，宴会，癒し，ショップ，アクティビティなど | ラグジュアリー【リ】<br>アップスケール【フ】<br>ミッドプライス【フ】<br>エコノミー【リ】<br>バジェット【リ】 | 都市，地方都市，空港周辺，郊外・ハイウェイ，観光地・温泉地・リゾート地など | 星数，格付け評価 |
| | | | 建築・生活様式<br>（和式：旅館，洋式：ホテル） |
| リミテッドサービス | | | コンセプト<br>（ライフスタイルホテル，分散型ホテルなど） |
| | | | 利用形態（会員制，滞在法等） |

出典：著者作成。

| 図表6－3 | ホテルの部門 |
| --- | --- |

| フロント・オフィス（基本的に顧客と接触） | | | バック・オフィス（基本的に顧客と非接触） | |
| --- | --- | --- | --- | --- |
| 宿泊部門 | 料飲部門 | その他 | セールス・マーケティング部門 | 管理部門 |
| 客室，フロント | レストラン，宴会，調理 | リラクゼーション | セールス・マーケティング | 施設，人事・総務，経理 |
| フロントデスク（レセプション），フロントサービス，客室予約・レベニュー・マネジメント，ハウスキーピング，その他 | フランス料理など各種料理のレストラン，ラウンジ，バー，宴会（一般・婚礼） | スパ（温泉含），エステなど | 企画・宣伝，広報・PR，マーケティング分析，セールス（宿泊，宴会），レベニュー・マネジメントなど | 建物・施設の保守管理，中長期のメンテナンス計画，人事・採用・教育，法務・安全管理，財務など |

出典：著者作成。

（敷地：地域内の立地）により宿泊施設の機能，価格，利用法等に影響を与えている。例えばビジネス利用も多い都市，地方都市，空港周辺などと，観光利用が多い観光地，温泉地の宿泊施設では，求められる施設と人的サービスも異なっており，ターゲットに応じた対応が必要になる。消費者の目線から考えれば，機能×価格×立地×その他の要素から，消費者の希望に応じた宿泊施設を選択することが可能だといえよう（図表6-2）。

③　宿泊業の部門—ホテルを事例として—

　ホテルの業務部門は，施設の規模や機能によって異なるが，基本的に宿泊部門（客室部門），料飲（サービス）部門，セールス・マーケティング部門，管理部門に大別できる（図表6-3）。

　宿泊施設の主要部門である宿泊部門の業務は非常に多岐かつ広範囲にわたっている。フロントデスクは，宿泊施設を利用するすべての消費者に対する総合窓口業務を行い，客室管理から会計・両替業務等，チェックインからチェックアウトまでの宿泊に関するすべての業務を担うとともに，すべての情報が集約される場所である。フロントサービスは，宿泊者以外の利用者も含めて，玄関周りからロビー，客室までの案内を担当している。

　消費者が利用する際，最初に出会い最後に別れる，まさに接遇の最前線といえよう。客室予約は販売価格設定や販売予測を行いながら客室収益の最大化をコントロールするレベニュー・マネジメントが重要な業務となる。

　料飲（サービス）部門は，フル・サービス型のホテルにおいては料飲施設と宴会に分けられる。料飲施設は，ホテルの代表的な存在であるメインダイニングをはじめとした各種料理のレストラン，ホテルのロビーなどにあるラウンジ，そしてバーなどによって構成される。宴会は，1990年代初頭までは，会社のパーティーなどの法人需要が大きく，宴会部門の売上がホテル全体の過半を占めるホテルもあり，まさにホテルビジネスの中心を担っていた。そのため，宴会部門として独立しているホテルもある。しかし，近年では法人利用の減少，結婚式の多様化などにより，宴会の売上は減少しており，宴会部門の立て直しが図られている。

　リラクゼーション関連は近年，多くの施設が積極的に取り入れ，他施設との差別化を図っている。旅館においては，温泉地を中心にリラックス部門が目玉になる特徴があるが，ホテルにおいても高層階の入浴施設やインフィニティプール，エステなどに力を入れる施設が増加している。上記の3部門は顧客に直接接する要素を持つ部署であり「フロント・オフィス」といい，これ以外の顧客に接しない要素を持つ部署を「バック・オフィス」という。

　なお，旅館はホテルの部門と類似するが，小規模かつ家族経営が多く，必ずしも上記のように部門化しないことも多い。料飲に関しては旅館が1泊2食付のパッケージ販売が主流のため，宿泊分（宿泊部門）を上回る売上が料飲に計上される施設もある。そして，一部の高級旅館では「和婚」など婚礼に力をい

れて，宴会の売上比率を上げることを試みる事例も見られる。

④　宿泊事業に関係する主体

　宿泊産業の経営構造は，主に所有，経営，運営に分けることができ，それぞれ独立した主体として分離し，また組み合わせることがビジネスの主体となっている。最初にそれぞれの役割と形態分類について整理してみよう。

　「所有」は，不動産を所有している主体であり，土地と建物とは異なる主体が所有していることもある。「経営」とは実際にその宿泊施設で働く従業員を雇用し，サービス提供をする主体であり，施設に関わる経営上のリスクもここが負うことになる。「運営」は宿泊事業にのみ存在する特徴的な主体であり，予約システムを通じたマーケティングやブランド名の付与，運営責任者・部門責任者の派遣をしている。それぞれを組み合わせて，実際のホテルに関わる主体は以下のように分類される。

■所有／賃貸のみ

　不動産の所有をリスクとリターンに応じて適宜配分してポートフォリオを構成し，所有のリスクを可能な限り最小化し，リターンの可能な限り最大化を目指している。積極的にホテルの不動産を所有しているのは，ホテル専門に投資するファンド，不動産ファンドのほか，大手不動産会社外資による投資も盛んになってきている。

■所有直営方式

　宿泊施設の経営会社が直接的・間接的に土地建物を所有する形態。古くからあるホテルのほか，家族経営の多い旅館はこのスタイルが多い。事業展開に際して，自社あるいは関連会社が不動産を取得して経営し，ブランド名についても自社で開発したブランドを用いる。土地と建物を所有している企業の場合には，容積率の余裕分をオフィスや店舗として貸し出すことで，一定の売上を得ている企業も存在する。

■賃貸借方式（リース方式）

　宿泊施設の経営会社が，土地・建物の所有会社から土地・建物を借りて経営する形態。土地だけの賃借，土地と建物躯体だけの賃借，土地と建物躯体，内装の一部にわたっての賃借など，いくつかのパターンが存在する。

■運営受委託方式（マネジメント・コントラクト：MC）

　土地・建物を所有する宿泊施設経営会社が，あるいは土地・建物の所有者から賃借した宿泊施設経営会社が，チェーン展開を行っている運営受託会社に対して運営を委託する形態。施設は運営受託会社のチェーンに加盟することから生じるメリットが享受できるうえ，サービス提供のためのシステムや従業員教育などさまざまなノウハウも提供される。

■フランチャイズ方式（FC）

　コンビニエンス・ストアや居酒屋，ファミリー・レストランなどで幅広く取り入れられている形態。原則として宿泊施設運営会社からの人的派遣などはなく，あくまで送客や予約システムの共有，あるいは商品やブランドの共有など，マーケティング上の協力関係に留まる。

　宿泊産業の初期は，所有，経営，運営が分離していないケースがほとんどであり，消費者はブランドを見れば所有・経営母体も理解できた。しかし，ホテル産業が国際的に産業化した背景の1つには，所有，経営，運営が分化することで他地域への進出が容易になったことがあり，現在では各々の専門分化が一層進むとともに，多様な事業者がホテル業界に参入するようになった。ブルガリなどのファッションブランドをはじめ，複数の業態・ブランドのネットワークを組み合わせてブランドポートフォリオを形成する展開も，現在の国際ホテルのチェーン展開でみられる形態となった。その結果，図表6-4に見られるように，運営は同一でも，所有，経営は別組織という事例が増加し，消費者からホテル産業の経営構造が理解しにくい現状が生まれている。

　旅館は，小規模で家族経営が多く，経営方法も所有直営方式が一般的であるが，近年では旅館再生企業による廃業旅館の再生とそのチェーン化に加え，既

図表6－4　ハイアットホテルにおける所有・経営・運営の構造

| ホテル名 | ハイアットリージェンシー東京 | パークハイアット東京 | グランドハイアット東京 | アンダーズ東京 | ハイアット・セントリック銀座東京 |
|---|---|---|---|---|---|
| 所有 | 小田急不動産 | 東京ガス都市開発 | 森ビル | | 朝日新聞社 |
| 経営 | ホテル小田急 | パークタワーホテル | 森ビルホスピタリティコーポレーション | | オリックス |
| 運営 | ハイアット | | | | |

出典：徳江編著（2020）。

存旅館が異なるコンセプト旅館を開業させ小規模チェーン化する動きもでてき
ており，新たな時代を迎えている。

## 3．宿泊業の特性—ホスピタリティ産業における位置づけ—

### （1）宿泊事業の制約

　宿泊業は産業の特性として，いくつかの制約を持つといわれる。ここでは，
宿泊産業の主要商品である客室の持つ制約についてみてみよう。

---

①　事前確認の制約
　サービス財の特性として高額商品であっても，事前に試泊等はできないため，星数など，品質を保証する制度やブランド・イメージが重要視される。
②　量的な制約
　客室数など量的な制約があり，希望者がいても提供できないことがある。いわば在庫が持てない産業でもある。
③　時間・季節的制約
　毎日，再販を繰り返す商品であるため，限られた時間内に販売が可能な状態にまで戻さなければならず，新規増設も短時間では困難であるという時間的な制約がある。さらに，観光業であるため土日や長期休暇に客が集

中する需要の変動性がある。

④　無形商品としての制約

　客室は一時的に「借りる」，食事は「食べる」など，サービス提供と同時に消費されモノとして残らない。

⑤　ホスピタリティ・マネジメントの必要性

　労働集約型産業であり，商品における接遇サービス，ホスピタリティが高いウェイトを占める。そのため，サービスを提供する人員が必要不可欠であり，高価格帯になればなるほど，サービスの質が問われることになり，人材育成とホスピタリティ・マネジメントが欠かせない。

⑥　商品価値の主観性

　商品価値の評価尺度がお客様の満足度であるため，測定が大変難しく，たとえホテルの定型的なサービスであっても，顧客の事前期待に添わない施設，サービス提供を行った場合，満足度が大きく低下する。

⑦　協働の必要性

　サービスを受容するには，サービスの提供側と顧客側の協働の必要性があり，その協働の内容により品質・性質の変動が生じる。

⑧　リニューアルの必要性

　社会的水準，生活水準の向上にともなう施設・設備の心理的・経済的陳腐化があり，後発の宿泊施設に対して，施設・設備面での遅れを取りやすく，結果として価格競争が生じやすい。定期的に劣化更新のリニューアルを行うとともに，一定の時期が過ぎた時点で機能向上のリニューアルを行う必要がある。

　以上みてきたように，商品として量的・時間的な制約があるため，売上を増やすには増築するか他地域に支店を出すことが必要となる。お客様は，地元客と観光客の両方が存在するが，観光客はさまざまな地域に行くことが多い。そのため，ホテルブランドが確立し評価を得ていれば，他地域に支店を出すことで利益を享受できる可能性が高まる。宿泊産業に限らずホスピタリティ産業

は，しばしば他地域に支店を出していくチェーン化を志向するのはこのためであるといえよう。ほかにも産業としての制約が存在しており，これを見極めながら，宿泊施設を経営していく必要がある。

## （2）総合的なホスピタリティ産業

　宿泊産業はさまざまな制約はあるが，安心して宿泊できる客室，美味しい食事を提供する料飲（サービス）施設，人々のハレの日を寿ぐ宴会，癒しを与えるリラクゼーションなど複合的なサービスを提供することに加え，商品における人的サービス・ホスピタリティが高いウェイトを占めるなど，まさに総合的なホスピタリティ産業であるといえよう（図表6‐5）。

　一方で宿泊を中心とした複数のサービスの組み合わせにより形成されているため，非日常感とそれにともなう付加価値を創造するためにも施設としては統一したコンセプトの形成，そして顧客へ製品やサービスについてのイメージや理念を伝えるブランドメッセージが必要不可欠となる。ブランドメッセージは有形（名前，シンボル，標語，デザインなど）と無形（スタッフの着衣，態度など）があり，顧客とのタッチポイントにおいて，常にコンセプトを感じる仕組みを

| 図表6‐5 | 宿泊産業の概念図 |
| --- | --- |

出典：著者作成。

提供する。無形の商品を扱うホテルでは，ブランド・イメージを前面に打ち出して，ポジショニングするケースが多いといえる（仲谷ほか（2016）より）。例えばアマンリゾーツのコンセプトは「プライベートな邸宅にいるかのような心温まるもてなしと，常に小規模であること，そして美しさの際立つラグジュアリーで非日常的な体験のできる，プライベートなリゾート・コレクション」であり，各場面でそれを感じさせるようにつくられている。小規模で「温泉と和風」を基本としている旅館においても比較的容易にコンセプト形成および提供ができるが，大規模なホテルでは料飲のテナント，リラックスサービスのエステなども外注することが少なくない。企業の統一コンセプトの追求とともに，個別コンセプトの追求に関してバランスが重要となろう（大野（2019）より）。独自のコンセプト構築とブランドメッセージにより消費者に認知された市場からのホテル評価を維持するためブランドマネジメントが必要となる。

## （3）地域（地場）産業としての役割

　わが国におけるホテルの発展形態でもわかるように，ホテルは地域の迎賓館的な役割を担ってきた。日本における本格的な都市ホテルとなった帝国ホテルは，外国人旅行者を対象とした迎賓館を整備するという国の政策的側面があったほか，オリンピック，万博などイベントで多くのホテルが国内外の賓客をもてなす場として利用されてきた。

　観光地・温泉地において宿泊産業は地域に密着した地場産業になる。企業の成長には敷地（小立地）と地域（大立地）が制約となる一方で（大野（2019）より），地域と来訪者を結ぶ交流拠点としての役割も果たしてきた。温泉地のような宿泊を中心とした観光地においては，宿泊産業は地域の文化，歴史を伝える場である。越後湯沢の旅館井仙では「雪国のHATAGO」として，「旅館を入り口に，地域の食や文化と触れ合い，その魅力を堪能」をコンセプトにしている。また，宿泊業が主要産業となる温泉地では地域のまちづくりなどにおいても，宿泊業が重要な役割を果たすことが多い。

## 4．宿泊産業におけるホスピタリティ

### （1）ホスピタリティにおける特徴

　宿泊産業が総合的ホスピタリティ産業である以上，顧客と施設が接するさまざまなポイントにおいて，ホスピタリティが必要不可欠である。しかし，ホスピタリティ・マネジメントがうまくいかなければ，商品価値を大きく左右する問題ともなりかねない。

　宿泊施設にはハードとして，24 時間安心安全に過ごせる施設と確実なマネジメント（物理的）が必要とされる一方で，顧客と接客従業員，顧客同士の関係性は常に流動的であり，顧客の宿泊施設への期待と提供されるサービスには「不確実性」が内在しているといえよう（徳江（2013）より）。

　施設側は多数の顧客に対応する必要があり，定型に従った均質的なサービスが必要になる一方で，顧客のニーズに応じた個別性の高い対応も求められる。しかも，顧客が期待する「個別性」は，顧客の価値観や状況により多種多様であり，顧客が何を求めているのかを，その場で判断しなくてはならない（徳江（2013）より）。例えば，同じ宿泊であっても，地元客か観光客か，ビジネスか記念日の利用かで求めるサービスは異なってくる。宿泊施設の特徴として，多様な利用客が存在し，かつ「お試し」ができず，良し悪しを「主観性」により判断され，現場においてスタッフ，顧客の協働性が求められることは，双方にとって，一定の緊張感を生み出すことになる。

　これを組織側と顧客側の双方から読み解くサービス・デリバリー・システムを用いて考えてみよう（飯嶋（2013）より）。フロント・オフィスにいるスタッフは，顧客がどんなサービスを求めているかというマーケティング活動とそれに基づいた実際のサービス提供という生産活動の両方を行う必要がある。一方で，顧客側もサービスを受けるためにさまざまな役割を果たすことが求められる。これらから，フロント・オフィス，バック・オフィス，顧客の間では，お互いに葛藤がありながらも，相互に依存する関係性が生まれてくる。近年，顧

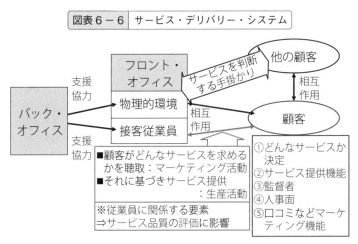

図表6−6 サービス・デリバリー・システム

出典：徳江（2013）。

客の欲求の多様化にともない「接客従業員」は「応用的サービス」の提供が広範に必要になっており、齟齬を生じさせないためには、不確実性を制御する必要がある（徳江（2013）より）。

## （2）宿泊業のホスピタリティ・マネジメント

　宿泊業の持つ「不確実性」を制御するためには、①マナー、②作法といった要素を用いて不確実性を低下させることのほかに、③ルールという「形式知」を用いたアプローチもある。またバック・オフィスに裁量権・決定権を委譲するか、もしくはフロント・オフィス側で裁量権・決定権を狭めることにより、個人の判断ではない均質な対応を行うこともある（徳江（2013）より）。いずれにせよ現場での判断の機会を減らすことにより不確実性を減少させることになる。近代ホテルのチェーン化を行ったスタットラーは、スタッフに「スタットラー・サービスコード」を持たせ、サービスの品質を安定させるとともに、パターンに応じた接客マニュアルを作り出した。

　しかし、個別性の高いサービスは、宿泊施設の付加価値を高めることもまた事実である。スタットラーのサービス・コードには「The Hotel that sells

Poor Service is Poor Hotel. The Hotel that sell Good Service is a Good Hotel」
と記されている。良いホテルになるために，お客様の求めるサービスにどうこ
たえるのか。そこには，「組織レベルのホスピタリティ・マネジメント」で対
応していく必要性が生じてくる。フォーシーズンズホテルのゴールデンルール
には，接遇へのバリュー（価値基準）として「自分が人にして欲しいことを人
に対して行う」という一文があり，現場での自主的な行動が認められている。
ホスピタリティ・マネジメントは，「ホスピタリティの行為を実行するに至る
『思考』を全従業員に持たせる環境を構築すること」と指摘されている（徳江
(2012) より）。「暗黙知」はホテルが国際産業になる中で，文化・社会状況の違
いから複雑化しているのも事実である。その結果として，現在のホテル業界は
明確なコンセプト，そしてそれを内包し，かつメッセージとして成立している
特定の市場セグメントにフォーカスして小規模化が進行していったといえるだ
ろう。

　多様な世界の価値観を理解し，共有し，現場の不確実性をコントロールする
ホスピタリティ・マネジメントをいかに作り出せるのか，わが国における宿泊
産業がグローバル化する中での今後の課題であるといえよう。

## 5．宿泊産業の現状と課題

### (1) 現状―施設の個性化と多極化へ
　現在，消費者が宿泊業に求めるニーズが多様化していることに加え，イン
ターネットの普及にともなう，OTA（オンライン・トラベル・エージェント）の
発達により，消費者が自宅から簡単にさまざまな「宿」を選択できるようにな
った。外資系を中心にラグジュアリー・ブランドも定着し，日系ホテルのホテ
ルオークラ東京，帝国ホテルともに機能向上を目的とした建て替えや大規模な
リニューアルを実施して，部屋を広くし，客室単価を外資ブランドのラグジュ
アリー・ホテル水準に上げることを試みている。
　低価格帯のバジェットホテルあるいは宿泊に特化した業態（宿泊特化型／宿泊

主体型）でも，ドーミー・イン・チェーンのように大浴場，朝食に名物，無料夜食の提供などの特色を持ち，他との差別化に取り組む企業も登場している。さらにファッション・ホテル，ライフスタイル・ホテルが注目を集めるなど，価格帯の２極化に加え，個性化という第３極も進んでいる。旅館においてもこの傾向は顕著であり，宿泊市場の細分化が一層進行しているといえよう。

## （2）ホテル・旅館の課題と展望

　ハードの側面でいえば，宿泊施設は立地，施設面での制約に加え，経営資源の特性により異なる成長戦略を模索する必要がある。消費者ニーズが変化し，欲求が多様化したため，個々の業態カテゴリーにおける差別化が進行し，同一ブランドでの出店可能性が厳しくなってきたことと，旅行目的に応じてさまざまな宿泊施設を使い分ける消費者をいかに取り込んでいくのかが課題といえよう（大野，2019）。チェーン発展においては，明確なコンセプトを持つブランド設定と優良顧客の囲い込みを目的とした販売促進プログラムであるフリークエントゲストプログラム（F.G.P.）の活用が引き続き重要な戦略となろう。

　ソフト面でいえば，ホスピタリティ人材の確保とそれを育成・活用できるマネジメントが必要になろう。労働集約型である以上，スタッフは必要不可欠な存在であるといえる一方で，慢性的な人手不足が生じている。不確実性を制御するうえで必要となるマネジメント人材も含め，人材育成，労働環境の整備を進めていく必要があろう。あるいは逆に，いわゆる「スマート化」を進めていく方向性も検討されよう。

　個別の課題として，旅館については，旅館数の減少が指摘される中，季節変動制を乗り越えるためにも，週末・長期休暇に予約が集中する従来の１泊２食型の短期形態だけではなく，平日も含めた滞在型に対応できるよう泊食分離も含めた施設づくりが求められる。また，インバウンドが増加する中，日本文化の魅力を集めた施設としてその特徴を生かして集客できるのか，IT 化，言語対応も含めた長期的なプランニングが必要であろう。一方でホテルにおいても，バブル経済期まで花形であった宴会部門が低迷していたところに，新型コ

ロナウイルス（COVID-19）の流行が追い打ちをかけたといえる。MICE も含めた宴会場の多角的取り組みなど新たな活用方法を見出していく必要があろう。

　2020 年における新型コロナウイルスの流行は，今後の業界の方向性にも大きな影響を与えるだろう。三密を避けるために，タブレットなどを利用した自動チェックイン，人的接触の機会を削減した食事提供などは，人手不足が課題となっている宿泊産業では，アフターコロナ後も継続される可能性がある。

　消費者の旅行目的，旅行形態が多様化し，宿泊市場も成熟期を迎え，旅行者の要望に応える形で細分化されている。同業他社といかに差別化できるのか，独自性，個性を持つとともに，時代に応じた，また時代をこえて評価される価値を生み出すことが必要であろう。

主要参考文献

飯嶋好彦（2001），『サービス・マネジメント研究―わが国のホテル業をめぐって』文眞堂.

内田　彩・大久保あかね（2019），「第 17 章 観光と宿泊」，前田　勇 編著『新現代観光総論 第 3 版』学文社.

大野正人（2019），『ホテル・旅館のビジネスモデル―その動向と将来』現代図書.

岡本伸之（1999），『現代ホテル経営の基礎理論』柴田書店.

JTB 総合研究所（2014），『ホテル概論』.

徳江順一郎（2012），『ホスピタリティ・マネジメント』同文舘出版.

徳江順一郎（2013），『ホテル経営概論』同文舘出版.

徳江順一郎 編著（2020），『宿泊産業論』創成社.

仲谷秀一・テイラー雅子・中村光信（2016），『ホテル・ビジネス・ブック（第 2 版）』中央経済社.

仲谷秀一・テイラー雅子 他（2018），『ホテル・マーケティングブック』中央経済社.

原　勉・岡本伸之（1979），『ホテル・旅館業界』教育社.

前田　勇（2007），『現代観光とホスピタリティ―サービス理論からのアプローチ―』学文社.

（内田　彩）

第**7**章

# ホスピタリティ産業４：
# テーマパーク＆レジャー
# ランド産業

## 1．はじめに

　昨今，人々の余暇の過ごし方が大きく変化している。（公財）日本生産性本部
の「レジャー白書2020」によると，日本国内における2019年の余暇市場は約
72兆2,940億円で，近年は横ばい傾向にあるが，特筆すべきは余暇項目の多様
化である。余暇市場とは，個人が自由に使える時間に費やした活動の市場規模
を指すが，主に，スポーツ観戦やフィットネス用品などの「スポーツ部門」，
映画や音楽，電子書籍などの「趣味・創作部門」，パチンコやゲームなどの「娯
楽部門」，観光・旅行や遊園地・テーマパークなどの「観光・行楽部門」に大
別され，近年は観光・行楽部門の伸びが顕著となっている。そして，その中で
も右肩上がりで拡大を続けているのが，テーマパークや遊園地，レジャーラン
ドなどの市場である。特に，"東西２強テーマパーク"と呼ばれる関東の「東
京ディズニーリゾート（以下，TDR）[1]」と，関西の「ユニバーサル・スタジオ・
ジャパン（以下，USJ）」が国内市場を牽引し，日本各地で多種多様なテーマパー
クやレジャーランドが活況を呈している。

そこで本章では，今後，観光・行楽などの余暇・レジャー産業のみならず，日本のホスピタリティ産業をリードする存在ともなり得る「テーマパークや遊園地，レジャーランド」に焦点を当て，テーマパークおよびレジャーランド産業におけるホスピタリティについて考察していく。

## 2．テーマパークおよびレジャーランド産業の歴史

### （1）テーマパークおよび遊園地，レジャーランドの定義

「テーマパーク」とは，1983年に開業した「東京ディズニーランド」をきっかけに，広く知られるようになったとされる概念で[2]，従来の一般的な遊具や施設が敷地内に配置された「遊園地」に対し，「極めて明確な独自のテーマを設定し，そのテーマに基づいて建設されたもの」（奥野（2003），p.10, 27）を表す。一般的な「遊園地」では，滑り台やジャングルジム，メリーゴーランドといった遊具などの「ハード」面を中心に構成されているのに対し，TDRやUSJに代表される「テーマパーク」では，それぞれのテーマパークが持つテーマ性やストーリーといった「ソフト」面を起点にさまざまなアトラクションや施設が展開されている。例えば，TDRはディズニーランドの生みの親であるウォルト・ディズニーの「あらゆる世代の人々が一緒になって楽しむことができる"ファミリー・エンターテイメント"を実現したい」[3]という思いをテーマとして掲げ，USJは米国の映画製作配給会社「ユニバーサル・スタジオ」の映画作品をテーマにしたエンターテインメント体験型施設として誕生している。

日本では，経済産業省および総務省の「経済構造実態調査」において，その調査対象である「遊園地」，「テーマパーク」について，次のように定めている。まず，遊園地については，「主として屋内，屋外を問わず，常設の遊戯施設[4]を3種類以上有し，フリーパスの購入もしくは料金を支払うことにより施設を利用できる事業所」としている。また，テーマパークについては，「入場料をとり，特定の非日常的なテーマのもとに，施設全体の環境づくりを行い，テーマに関連する常設かつ有料のアトラクション施設を有し，パレードやイベント

などを組み込んで，空間全体を演出する事業所」と定義している。

　そこで，本章では「経済構造実態調査」における定義に基づいて，テーマパークを「特定の非日常的かつ明確なテーマを持ち，それに基づいたアトラクション施設やパレード，イベントなどによって空間を演出し，施設全体の環境づくりを行う事業所」と定義し，遊園地については，「屋内，屋外を問わず，常設の遊戯施設を複数以上有し，娯楽を提供する事業所」とする。また，テーマパークや遊園地の定義に該当しない動物園や植物園，水族館，博物館，美術館などの施設や事業所について，本章では遊園地と合わせて「レジャーランド」として総称し，進めていくこととする。


## （2）国内におけるテーマパークおよびレジャーランド産業の歴史
### ①　遊園地の誕生

　日本における遊園地やレジャーランドの起源は，1910 年代の兵庫県宝塚市および大阪府枚方市にまで遡る。1910 年，箕面有馬電気軌道が大阪・梅田と兵庫・宝塚を結ぶ路線を開業した[5]。これは，現在の阪急阪神グループにおける中核企業である阪急電鉄の宝塚線である。翌年 5 月，箕面有馬電気軌道は梅田・宝塚間沿線の住宅開発を行うと共に，起終点の宝塚に新たな娯楽施設を建設し，大々的に集客することを目指して，「宝塚新温泉[6]」（1960 年に「宝塚ファミリーランド」へ改称）を建設した。宝塚新温泉は，大浴場や家族風呂を中心とする入浴施設として開業すると，1912 年には最新式の屋内水泳場（いわゆる温水プール）と演芸場を擁する娯楽館「宝塚新温泉パラダイス」を，その翌年には宴会場や展示室を完備した「パラダイス新館」を新設していった。さらに1913 年，老舗百貨店の大阪三越が顧客サービスの一環として実施していた「少年音楽隊」にヒントを得て，「宝塚唱歌隊」（後の宝塚少女歌劇団[7]，現在の宝塚歌劇）を編成し，1914 年にはプールを改造したパラダイス劇場で「宝塚少女歌劇」第一回公演を行うなど，さまざまな誘客活動を実施していった。その後，宝塚新温泉は，宝塚少女歌劇が上演される宝塚大劇場や動物園，飛行塔，プールなどの娯楽施設を拡充しながら成長を続け，2003 年に閉園するまで，日本を代

表する「遊園地」として人気を博してきた。

　そして，宝塚新温泉と時をほぼ同じくして大阪府枚方市に誕生したのが，「ひらかたパーク[8]」である。1910年，京阪電気鉄道株式会社の開通にともない，現在の寝屋川市において開園された「香里遊園地（香里園）」が後に枚方駅（現在の枚方公園駅）に移転し，1912年に「第3回菊人形展」が開催されたのが，「ひらかたパーク」の起源とされている。当初は秋の「菊人形」開催を中心に，四季折々の草花を鑑賞してもらう施設だったが，戦後の復興期以降，プールやスケートリンクなどの施設を徐々に増やし，現在の「ひらかたパーク」へと発展を遂げていった。

　その後，1922年に「あらかわ遊園」，1926年に「豊島園」（後に「としまえん」となり，2020年閉園），1927年には「小田急向ヶ丘遊園」（2002年閉園）がオープンするなど，関東でも遊園地の開園が目立つようになっていったが，第二次世界大戦の勃発にともない，遊園地をはじめとする娯楽施設開業の動きは見られなくなっていく（中島（2011），pp.18-19）。


②　レジャーランドの台頭

　第二次世界大戦が終戦し，1950年に西武鉄道株式会社が「西武園ゆうえんち」を，阪神電気鉄道株式会社が「甲子園阪神パーク」を立て続けに開業すると，以降1970年代にかけて，大型遊園地をはじめとするさまざまな規模や形態の遊園地が全国各地で開業するようになっていった（中島（2011），pp.20-24）。いわゆる「レジャーランド」の登場である。その中でも，1955年に開園した「後楽園遊園地」（現在の東京ドームシティアトラクションズ）や富士急行による「富士急ハイランド」（1961年），読売新聞グループによる「よみうりランド」（1964年），「常磐ハワイアンセンター」（1966年，現在のスパリゾートハワイアンズ），「東映太秦映画村」（1975年），「（和歌山）アドベンチャーワールド」（1978年）などは特に人気が高く，日本全国から多くの人を集めた。

### ③　テーマパークの登場

　1983 年 4 月，ウォルト・ディズニーによる "ファミリー・エンターテイメント" の基本理念を受け継ぎ，「それまでの，子供のためのアミューズメントパーク（遊園地）とはまったく異なった，新しい "テーマパーク"」として千葉県浦安市舞浜に開業したのが，東京ディズニーランドである[9]。同年，「長崎オランダ村」（2001 年に閉園）が開業したこともあって，1983 年は「テーマパーク元年」とも称され（奥野（2003），p.5），以降 1990 年代にかけて，多くのテーマパークが誕生することとなった。

　当時開園したテーマパークの中でも，栃木県日光市の「日光江戸村」（1986 年）や「サンリオピューロランド」（1990 年），香川県丸亀市の「レオマワールド」（1991 年，現在のレオマリゾート），長崎県佐世保市「ハウステンボス」（1992 年），「東武ワールドスクウェア」（1993 年），三重県志摩市「志摩スペイン村」（1994 年）などのように，2021 年現在も営業を継続するテーマパークがある一方で，この後，閉園に追い込まれるテーマパークが続出するようになっていく。

### ④　東西 2 強テーマパーク時代

　21 世紀に入ると，バブル経済期にブーム化の様相を見せていたテーマパークやレジャーランドの開園ラッシュは一転，落ち着きを見せるようになる。そのような中で 2001 年 3 月，大阪市に誕生したのが USJ である。USJ は，米国の映画製作配給会社「ユニバーサル・スタジオ」による映画作品をテーマにしたエンターテインメント体験型施設で，「ユニバーサル・スタジオ・ハリウッド」（1964 年），「ユニバーサル・スタジオ・フロリダ」（1990 年）に続くユニバーサル・スタジオによるテーマパークとして日本に誕生した[10]。

　そして，同年 9 月，ディズニーの "ファミリー・エンターテイメント" の伝統を受け継いだ新たなテーマパーク，「東京ディズニーシー」が開業した。東京ディズニーシーは，海にまつわる物語や伝説からインスピレーションを得て，東京湾に面した場所に建設され[11]，隣接する東京ディズニーランドと共に TDR の象徴として，多くの人を魅了し続けている。

　このように，東京ディズニーシーと USJ の開業以降，関東の「TDR」と関西の「USJ」による "関西 2 強テーマパーク" が国内のテーマパークおよびレジャーランド産業を牽引する格好となっている。特に TDR は，2018 年度の東京ディズニーランドと東京ディズニーシーの 2 つのパークを合わせた入場者数が 3,255 万 8,000 人[12] となって，過去最高を記録するなど，他の追随を許さない独り勝ちの状況が続いている。

## 3．テーマパークおよびレジャーランド産業の概要と特性

### （1）テーマパークおよびレジャーランド産業の概況

　近年横ばい傾向が続く国内の余暇市場において，特に好調を維持しているのが，テーマパークや遊園地，レジャーランドなどの市場である。

　（公財）日本生産性本部の「レジャー白書 2020」によると，国内における 2019 年の観光・行楽市場は約 11 兆 5,440 億円で年々増加傾向にあり，同年のテーマパーク・遊園地・レジャーランド市場は約 8,480 億円であった。2019 年は天候不順が大きく影響し，前年よりも少し減少したが，2012 年以降は右肩上がりで拡大を続けている（図表 7 - 1 参照）。

　また，同調査における「余暇活動の参加人口」によると，2019 年の余暇活動のうち，「テーマパークや遊園地」に参加した人口は約 1,900 万人で，2010 年の約 2,770 万人の 7 割程度となっているが，近年はほぼ横ばい傾向にある。このように，国内のテーマパークおよびレジャーランドへの参加人口はピーク時の 2010 年と比較すると，減少傾向にあるにもかかわらず，同市場規模は年々増加基調にあることがわかる。そして，これらの背景には，テーマパークおよびレジャーランドの入園料などの活動参加にかかる 1 人当たりの費用，つまり客単価の上昇があると考えられる。

　テーマパークやレジャーランド産業をはじめとするホスピタリティ産業は，社会経済の変化に対する脆弱性が特に高く，需要の季節変動が激しいとされる。これらの課題に対し，近年，TDR の 2 つのパークが「1 デーパスポート」

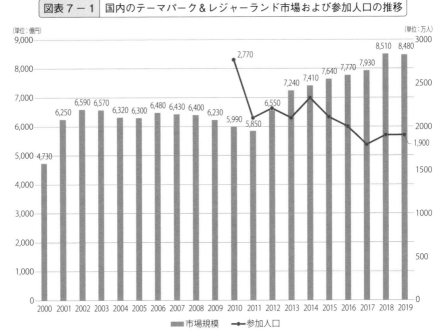

| 図表 7 － 1 | 国内のテーマパーク＆レジャーランド市場および参加人口の推移 |

出典：（公財）日本生産性本部（2020）をもとに著者作成。

料金の値上げなどの価格改定を行っているほか，USJ では他に先駆けて，需要と供給の状況に応じて価格を変動させる「ダイナミックプライシング（価格変動制）」を導入するなど，多くのテーマパークが売上の拡大を目指してさまざまな策を講じている。現在の社会情勢など，テーマパークやレジャーランド産業を取り巻く環境を鑑みると，今後より一層の適切かつ効率的な集客戦略の実施が各社に求められるだろう。

## （2）テーマパークおよびレジャーランド産業の特性

　テーマパークおよびレジャーランド産業における業種や業態はさまざまで多岐にわたるが，本章では，①テーマパーク，②遊園地，③動物園，④水族館，⑤ミュージアムの主要な 5 つの業種に大別し，それぞれの特徴や動向について

概観していく。

① テーマパーク

　日本のテーマパーク市場における不動の1位は，東京ディズニーランドと東京ディズニーシーを擁する「TDR」である（図表7−2）。全国の主要な有料レジャー施設を対象とする「2019年度　全国レジャー・集客施設運営実績＆動向調査」（綜合ユニコム（2020a），（2020b），（2020c）を参照）によると，TDRの

| 図表7−2 | 2019年度　国内における主要5業種の年間入場者数上位施設 |
| --- | --- |

| | 順位 | 施設名 | 開業年月 | 所在地 | 入場者数<br>（単位：人） |
| --- | --- | --- | --- | --- | --- |
| テーマパーク | 1 | 東京ディズニーランド<br>東京ディズニーシー | 1983年4月<br>2001年4月 | 千葉県浦安市 | 29,008,000 |
| | 2 | ユニバーサル・スタジオ・ジャパン | 2001年3月 | 大阪府大阪市 | ※ 14,500,000 |
| | 3 | ハウステンボス | 1992年3月 | 長崎県佐世保市 | 2,547,000 |
| | 4 | サンリオピューロランド | 1990年12月 | 東京都多摩市 | 1,987,000 |
| | 5 | 志摩スペイン村パルケエスパーニャ | 1994年4月 | 三重県志摩市 | 1,188,000 |
| 遊園地 | 1 | 鈴鹿サーキット | 1963年1月 | 三重県鈴鹿市 | 2,042,146 |
| | 2 | よみうりランド | 1964年3月 | 東京都稲城市 | 1,568,189 |
| | 3 | ひらかたパーク | 1912年10月 | 大阪府枚方市 | 1,377,222 |
| 動物園 | 1 | 東京都恩賜上野動物園 | 1882年3月 | 東京都台東区 | 3,479,990 |
| | 2 | 名古屋市東山動植物園 | 1937年3月 | 名古屋市千種区 | 2,340,989 |
| | 3 | 天王寺動物園 | 1915年1月 | 大阪市天王寺区 | 1,485,780 |
| 水族館 | 1 | 沖縄美ら海水族館 | 2002年11月 | 沖縄県本部町 | 3,320,018 |
| | 2 | 海遊館 | 1990年7月 | 大阪市港区 | 2,630,000 |
| | 3 | 名古屋港水族館 | 1992年10月 | 名古屋市港区 | 2,001,243 |
| ミュージアム | 1 | 国立科学博物館 | 1877年1月 | 東京都台東区 | 2,736,070 |
| | 2 | 東京国立博物館 | 1872年3月 | 東京都台東区 | 2,588,632 |
| | 3 | 金沢21世紀美術館 | 2004年10月 | 石川県金沢市 | 2,334,589 |

※USJは，入場者数について非公開のため，米調査レポート「THEME INDEX MUSEUM INDEX 2019」より。
出典：綜合ユニコム（2020a），綜合ユニコム（2020c），をもとに著者作成。

2019年度の入場者数は約2,900万人で，前年度よりも約360万人の減少となった。これは，TDR35周年のアニバーサリーイヤーで過去最高の入場者数と売上を記録した2018年度からの反動による減少とみられるが，新規のイベント・プログラムや大型アトラクションを次々と新設することで，新規顧客のみならず，リピーターを積極的に取りに行く戦略が奏功し，減少幅を最小限に抑えることができたと考えられる。

　一方，国内2番手となる「USJ」の入場者数や業績は非公開となっているが，米調査レポート「THEME INDEX MUSEUM INDEX 2019」[13]によると，2019年度の入場者数は推計約1,450万人とされている（綜合ユニコム（2020c），p.45）。USJ では，特に人気のエリア「ウィザーディング・ワールド・オブ・ハリー・ポッター」の開業5周年を記念するイベントの開催のほか，顧客参加型の新規アトラクションを7つ導入するなど，ファンを飽きさせないさまざまな試みが施されている（日本生産性本部（2020），p.117）。

　また，「ハローキティ」などの“サンリオキャラクターに会えるテーマパーク”の「サンリオピューロランド」は，2018年度に過去最高の入場者数を記録するなど，近年の成長が顕著である。特に，若年層や女性をターゲットにしたSNSの活用によるプロモーション戦略や，学生割引・ペア割引などの価格戦略といった一連のマーケティング戦略が的中したものと考えられる。

## ②　遊園地

　遊園地では，「鈴鹿サーキット」がF1日本グランプリや鈴鹿8耐などのモータースポーツで国内外から多く誘客したことに加え，新規アトラクションの導入が市場シェアNo.1の維持につながった（綜合ユニコム（2020b），p.53）。また，「ひらかたパーク」は，13年ぶりに130万人超えを達成した2018年度をさらに超える137.7万人を記録するなど，プールや雪遊び，イルミネーションなどの季節ごとの施設やイベントに加え，従来とは異なる客層に訴求するようなアトラクションの新設が高い人気を得た（綜合ユニコム（2020c），p.44）。

　一方，2019年度も100万人以上の入場者数を記録した「としまえん」は，

2020年8月をもって閉園となったが，その跡地には英国に続き，世界で2番目となる「ワーナーブラザース スタジオツアー東京―メイキング・オブ・ハリー・ポッター」が2023年にオープンすることが発表された。また，「西武園ゆうえんち」が2021年5月にリニューアルオープンしたほか，「那須ハイランドパーク」もアトラクションを新設・リニューアルするなど，近年は顧客参加・体験型のイベントやVR（仮想現実）アトラクション施設などを積極的に新設・リニューアルする遊園地が増加傾向にある。

③　動物園

　長年にわたり，日本の動物園市場を牽引しているのは，「東京都恩賜上野動物園（以下，「上野動物園」という）」である。上野動物園は，2017年にジャイアントパンダの赤ちゃん「シャンシャン」が誕生して以降，入場者数は500万人にも迫る勢いで増加しているが，和歌山県の「アドベンチャーワールド」も同様に，「彩浜」が生まれた直後から入場者が急増し，2019年度は約84万人を記録するなど，パンダの人気の高さを表している（綜合ユニコム（2020c），p.49）。

　一方，「旭川市旭山動物園」を筆頭に，“新しい動物の魅せ方”に重点を置いた獣舎や施設，「ナイトZOO」やイルミネーション，ホタル観賞会といった大人を対象とするアトラクションを新設するなど，さまざまな集客戦略に取り組む動物園が増加している。また，「豊橋総合動植物公園」では，サーバルキャットをモチーフとしたキャラクターが登場するTVアニメ，「けものフレンズ」とのコラボレーションが話題を集めるなど（綜合ユニコム（2020a），p.37），従来とは異なる新たな客層を取り込もうとする施策も多く見られ，今後，動物園への幅広い客層の集客が大いに期待される。

④　水族館

　日本で最も集客力の高い水族館は「沖縄美ら海水族館」で，2019年度の入場者数は約332万人を誇り，第2位の「海遊館」（大阪市）などの他施設に圧倒

的な大差をつけている。また，第3位の「名古屋港水族館」は，SNSの「い
きものAZ」とコラボレーションした「へんないきもの 大王タイトルマッチ」
が話題となってメディア露出が増え，集客につながったと考えられる（綜合ユ
ニコム（2020b），p.55）。

　このように，SNSを活用したプロモーションの動きは近年特に活発で，飼
育員による手書きの解説ポップがSNSで人気の「竹島水族館」（愛知県蒲郡市）
や，トドのマスコットキャラクターがつぶやく自虐的な投稿が話題を呼んだ
「桂浜水族館」（高知市）など，従来の水族館の型にとらわれないユニークな施
策や取り組みが目立っている（綜合ユニコム（2020c），p.47）。

⑤　ミュージアム

　博物館や美術館，科学館などの「ミュージアム」の集客の成否は，その年の
企画展や特別展に左右されることが多いとされている。2019年度の集客上位
ミュージアムの企画展・特別展を見てみると，「国立科学博物館」は子どもに
人気の特別展「恐竜博2019」，東京国立博物館は特別展「国宝 東寺－空海と
仏像曼荼羅」，「呉市海事歴史科学館（大和ミュージアム）」は戦艦大和と武蔵を
取り上げた企画展「海底に眠る軍艦」など，企画展や特別展自体で多くの入場
者を獲得し，施設への集客増へとつなげている（綜合ユニコム（2020b），p.57）。

　一方で，2019年度の入場者数が約233万人で第3位となった「金沢21世紀
美術館」は，現代アートと地元の伝統芸能・工芸との融合によって，新たな文
化を創造するだけでなく，さまざまな人々が交流する「まちの広場」として存
在することをコンセプトとし，2004年の開館以降，若い世代を中心に幅広い
客層の誘客に成功している（八木（2019），p.292）。このように，ミュージアム
のビジョンやコンセプトを核とし，テーマ性のあるコンテンツを提案するミ
ュージアムも続々と誕生し，市場を牽引している。

## 4．テーマパークおよびレジャーランド産業における
## 　　ホスピタリティ

　近年，日本各地で多種多様なテーマパークやレジャーランドが誕生し，国内のテーマパークおよびレジャーランド市場における競争は激化の一途を辿っている。そして，そのような中で，多くの入場者の誘致に成功している施設が数多くある一方で，経営困難に陥るなど，閉園や廃業へと追い込まれる事業者が後を絶たないという現状がある。したがって，今後，全国の競合施設の中から人々に選んでもらうには，人々を魅了するようなサービスやホスピタリティを提供していくことが求められる。

　そこで，以下では，本章の目的でもある「テーマパークおよびレジャーランド産業におけるホスピタリティ」について，その特性に着目しながら考察していく。

### （1）テーマパークおよびレジャーランド産業におけるホスピタリティ
### 　　　の特性

　本章では，テーマパークを「特定の非日常的かつ明確なテーマを持ち，それに基づいたアトラクション施設やパレード，イベントなどによって空間を演出し，施設全体の環境づくりを行う事業所」と定義しているが，「テーマパークやレジャーランド産業におけるホスピタリティ」として考えられる，2つの重要な特性がこの定義の中に含まれている。

　1つ目の重要な特性として，「特定の非日常的かつ明確なテーマの提示」が挙げられる。「テーマ」とは，その概念的な定義については後述するが，テーマパークやレジャーランドがそれぞれの施設全体を通して表現しようとする“世界観”の中心的な考えや主題を表すものである。例えば，TDR のテーマは，ウォルト・ディズニーが掲げた「あらゆる世代の人々が一緒になって楽しむことができる“ファミリー・エンターテイメント”」であり，USJ のテーマは「ユ

ニバーサル・スタジオの映画作品」であるように，テーマパークやレジャーランドを１つの「作品」として捉えた際の中核となる思想内容である。

　そして，「明示されたテーマに基づいて空間を演出し，施設全体を通して世界観を表現すること」が，２つ目の特性である。テーマパークやレジャーランドはそれぞれの「テーマ」を具現化するために，さまざまなコンセプトを設定し，アトラクション施設やイベントなどを組み合わせながら，独自の「世界観」を創り上げていく。先に挙げた例で言えば，テーマパークやレジャーランドという「作品」の登場人物や場面を設定して構成し，一貫性のある「ストーリー」を完成させていくことである。

　そこで次項では，この２つの特性に焦点を当て，テーマパークやレジャーランドが顧客にホスピタリティを提供していくうえで，どのように「テーマ」と「ストーリー」を創出していくべきかについて，検討していく。

## （2）テーマパークおよびレジャーランドの「テーマとストーリー」

### ①　テーマ化とテーマの源泉

　「テーマ」とは，テーマパークやレジャーランドが施設全体を通して表現する世界観の中核となる思想内容，すなわち「主題」であると先に述べたが，社会学者のブライマン（A. Bryman）は，その世界観やテーマを表現することを「テーマ化」と表している。ブライマンによれば，テーマ化とは「対象となる施設や物体をそれとはほとんど無縁のナラティブ（物語）で表現すること」（Bryman（2004），能登路監訳・森岡訳（2008），p.15）で，「ナラティブ（物語）を組織や場所に適用することで成立し」（前掲，p.40），その際，テーマ化の対象となるのは施設や物体だけでなく，場所や組織，人，現象なども含まれるとしている。

　また，ブライマンは，テーマ化する際のテーマの源泉として，①場所，②時間，③スポーツ，④音楽，⑤映画，⑥ファッション，⑦商品，⑧建築，⑨自然界，⑩文学作品，⑪道徳や哲学などの概念，⑫企業とそのロゴの12項目（前掲，pp.44-45）を挙げ，これらの中からテーマを抽出したり，複数を組み合わせ

たりするとしている。例えば，米国ラスベガスのカジノやホテルでは以前，"ワイルド・ウエスト（荒野の西部）"がテーマ化する際の人気テーマであったが，これは「場所」（米国），「時間」（過去のある一時代），「映画」（西部劇），「自然界」（荒野）の要素を組み合わせたものである。このように，対象物とは一見関連のない外部的要素を組み合わせ，付加していくことによって，対象に特別な"意味づけ"をすることが可能となる。

② テーマ化とストーリー

　それでは，ブライマンが一例として挙げていた「ディズニー・パークス&リゾーツ（Disney Parks & Resorts）」を事例に，テーマ化の流れについて見ていく[14]。ディズニー・パークス&リゾーツ（以下，ディズニー・パークス）とは，米国の The Walt Disney Company（以下，ウォルト・ディズニー社）が世界で展開するテーマパークの総称で，米国フロリダ州オーランドの Walt Disney World Resort や TDR をはじめ，世界各地に所在する。

　ブライマンによれば，ディズニー・パークスは少なくとも３つの段階でテーマ化を行っている。まず１つ目の段階は，ウォルト・ディズニー社とディズニー・パークス全体のテーマ化である。創始者のウォルト・ディズニーが掲げた「あらゆる世代の人々が一緒になって楽しむことができる"ファミリー・エンターテイメント"」という明確なテーマが，ウォルト・ディズニー社をはじめ，世界中のディズニー・パークスで基本理念として共有され，それぞれのテーマパークにおいて具現化されているのは明白であろう。

　次に，２つ目の段階は，ディズニー・パークスに属するテーマパークごとのテーマ化である。第１段階で基本理念として掲げられたテーマを基に，各テーマパークが独自の世界観やそのメインテーマを設定し，包括的なストーリーでパーク全体を統一していく。例えば，米国の Walt Disney World Resort にある４つのパークのうちの１つ，「マジックキングダム・パーク[15]」には，①メインストリート USA，②リバティー・スクエア，③トゥモローランド，④フロンティアランド，⑤アドベンチャーランド，⑥ファンタジーランドの６つの

「テーマランド」があるが，それぞれが独自のテーマに基づいてテーマ化され
ている。そして，マジックキングダム・パークは異なるテーマ性や世界観を有
する6つのテーマランドで構成されているにもかかわらず，第1段階で共有さ
れた基本理念に基づいてパーク全体が包括的にテーマ化されているため，マジ
ックキングダム・パーク全体を通して統一性のある空間づくりが実現されてい
る。

　そして，3つ目の段階は，各テーマパークにおけるテーマランドがそれぞれ，
完全に独立した形でテーマ化されていることである。マジックキングダム・
パークの6つのテーマランドの1つ，「メインストリートUSA」のテーマは「ウ
ォルト・ディズニーが少年時代を過ごした1900年代初頭のミズーリ州」で，
「時間」と「場所」がテーマの源泉となっているが，「ファンタジーランド」の
テーマは「ウォルト・ディズニーが制作したディズニー映画」で，「映画」や
「思想・概念」などがテーマの源泉となっている。さらに，各テーマランドの
テーマに基づいて，テーマランド内の建築や装飾，キャスト（従業員）の衣装，
音響，飲食物に至るまで，徹底的にテーマ化されている。例えば，「フロンテ
ィアランド」のテーマは「アメリカの西部開拓時代」であることから，大人気
のアトラクションの1つ，「ビッグサンダーマウンテン」では，赤い岩山やサ
ボテンを舞台に，カントリーミュージックが流れる中，西部訛りのカウボーイ
に扮したキャストが来場者を出迎えるというように，フロンティアランドの
テーマ "ワイルド・ウエスト（荒野の西部）" に基づいたテーマ化が細部にわた
って実施されている。

③　テーマ化によるホスピタリティの創出

　これまで見てきたように，テーマ化することによって対象に意味を吹き込
み，実際よりも魅力的で興味深い象徴へと変えることができるが（前掲, p.40），
ブライマンは，そのテーマ性が強力であればあるほど，より一貫性のあるテー
マ化が可能になるとしている。

　TDRを例に挙げると，東京ディズニーランドと東京ディズニーシーは同じ

エリアに所在しているが，「ウォルト・ディズニーの世界」，「世界にひとつだけの海」という明確に異なるテーマがそれぞれ設定され，一貫性のある空間演出がパークごとに徹底的に行われている。また，両パークともに，「夢・童話・魔法・伝説・冒険・未来」などのテーマに基づくコンセプトを具現化するために，テーマパーク同士はもちろん，テーマパークの内側と外側とを物理的に遮断し，パーク内から“日常性”を可能な限り排除することに努めている（岩田(2006)，p.51）。このように，来場者に日常を想起させないような“非日常的”な世界観を演出することによって，人々はテーマパークを訪れた瞬間から，強烈に非日常的な「夢・童話・魔法・伝説・冒険・未来」の世界を体験することができるのである。

　このようにして創り出された「テーマ」に多くの人が惹かれ，訪れたテーマパークやレジャーランドで非日常的な「世界観」や「ストーリー」を体験し，感動することに価値を見出していると考えられる。したがって，テーマパークやレジャーランドが人々を魅了するようなホスピタリティを提供していくには，顧客のニーズに沿った「テーマ」とそれを具現化するような「ストーリー」を創出し，希少性の高い体験の機会を顧客に提供していくことが重要となるだろう。

## 5．テーマパークおよびレジャーランド産業の現状と課題

　現在，日本におけるテーマパークおよびレジャーランド産業をはじめとする，広義に「サービス産業」と呼ばれる第3次産業は，日本の国内総生産(GDP)の約73％を占めるなど[16]，日本の経済活動を大きく下支えしている。また，近年，社会経済のグローバル化や技術革新，ICTの進展などに伴って，モノや情報の流れが急激に加速し，人々の価値観や消費スタイルが「モノの購入」から「コト(サービス)の体験」へと移行しつつあるなど，これまで以上にサービス産業の役割が高まっている。

　その一方で，上述の外部環境変化によって，モノの模倣化がより容易となり，

モノ自体で差別化や収益化を図ることが困難となった結果，サービス経済化が進行していることから，今後，サービス産業における競争はますます激化すると考えられる。

　そして，その兆候はすでに，国内のテーマパークやレジャーランド産業においても表れている。本章ではテーマパークおよびレジャーランド産業を，①テーマパーク，②遊園地，③動物園，④水族館，⑤ミュージアムの主要5業種に大別し，その特徴について見てきたが，近年は従来の業種の枠に当てはまらない新しいタイプの施設が増加している。

　例えば，「よみうりランド」や「ひらかたパーク」，「那須ハイランドパーク」などでは，"遊園地は子供のためのもの"という固定観念を覆し，大人をターゲットとするVRアトラクションや体験型イベントを新設するなど，これまでの遊園地の枠にとらわれない施策を行っている。また，2021年5月にリニューアルオープンした「西武園ゆうえんち」は，「生きた昭和の熱気あふれる1日！」をテーマに，「昭和」を体感できるような空間演出や，「ゴジラ・ザ・ライド」などのアトラクションが展開され，従来の遊園地から，テーマ化された施設＝テーマパークへと変貌を遂げている。同様に，新しい動物の魅せ方を提案した「旭川市旭山動物園」などの動物園や水族館，ミュージアムの多くが，従来の業態や業種の既成概念にとらわれない取り組みを実施している。

　このようなテーマパークやレジャーランドによる積極的な取り組みの背景には，先に挙げたサービス経済化の進行によって，サービスにおけるイノベーション，つまり「サービス・イノベーション」の必要性が高まっていることがあるだろう。先述した「旭川市旭山動物園」は，一般的な動物園が行っている，生きた動物の姿・形を人に見せる「形態展示」をやめ，動物が本来持つ能力や行動を見せる「行動展示」を実施することによって，顧客に新しい動物の魅せ方を提案した。このように，既存のサービスや，顧客にサービスを提供するプロセスにイノベーションを起こし，顧客に新たな価値提案をしていくことが求められている。今後，テーマパークやレジャーランド産業がさらに発展していくには，日々刻々と変化する顧客のニーズを的確にとらえ，新たな顧客価値を

創造し，持続的に提供していくことがより重要となるだろう。

【注】

1）東京ディズニーリゾートは千葉県浦安市舞浜に所在し，東京ディズニーランドや東京ディズニーシーをはじめ，ディズニーアンバサダーホテルなどの宿泊施設やイクスピアリなどの複合商業施設が一体化したエリアの総称である。

2）奥野（2003）をはじめとする多くの研究者らは，東京ディズニーランドが開業した1983 年を「テーマパーク元年」と位置づけている。

3）オリエンタルランド公式ウェブサイト「パーク運営の基本理念」（http://www.olc.co.jp/ja/tdr/profile/tdl/philosophy.html　2021 年 5 月 1 日閲覧）

4）本調査でいう「遊戯施設」とはコースター，観覧車，メリーゴーランド，バイキング，モノレール，オクトパス，ミニ SL，ゴーカート等を指す。

5）三井住友トラスト不動産公式ウェブサイト「このまちアーカイブス：兵庫県西宮・宝塚」（https://smtrc.jp/town-archives/city/nishinomiya/p07.html　2021 年 5 月 1 日閲覧）

6）「宝塚新温泉」に関しては，安野（2014）および，三井住友トラスト不動産公式ウェブサイト「このまちアーカイブス：兵庫県西宮・宝塚」（前掲）を参照し，記述した。

7）宝塚唱歌隊は編成後すぐに「宝塚少女歌劇養成会」へと改称し，1919 年に「宝塚少女歌劇団」へと改組された。

8）「ひらかたパーク」の歴史に関しては，京阪電車「ニュースリリース 平成 24 年2 月 23 日」および，三井住友トラスト不動産公式ウェブサイト「このまちアーカイブス：大阪府・枚方」（https://smtrc.jp/town-archives/city/hirakata/p03.html?id=a02　2021 年 5 月 1 日閲覧）をもとに記述した。

9）オリエンタルランド公式ウェブサイト「東京ディズニーリゾートについて：東京ディズニーランド」（http://www.olc.co.jp/ja/tdr/profile/tdl.html　2021 年 5 月 1 日閲覧）

10）ユー・エス・ジェイ公式ウェブサイト「企業情報：沿革」（https://www.usj.co.jp/company/about/history.html　2021 年 5 月 1 日閲覧）

11）オリエンタルランド公式ウェブサイト「東京ディズニーリゾートについて：東京ディズニーシー」（http://www.olc.co.jp/ja/tdr/profile/tds.html　2021 年 5 月 1 日閲覧）

12）オリエンタルランド公式ウェブサイト「東京ディズニーリゾートについて：入園者数データ」（http://www.olc.co.jp/ja/tdr/guest.html　2021 年 5 月 1 日閲覧）

13）米国のテーマエンターテインメント協会（THEMED ENTERTAINMENT ASSOCIATION）およびエンジニアリング会社 AECOM による調査レポート。

14）「ディズニー・パークス＆リゾーツ」を事例にしたテーマ化の流れについては，Bryman（2004），能登路監訳・森岡訳（2008），pp.46-51 を参考にして記述した。

15）「マジックキングダム・パーク」に関する記述は，米国ウォルト・ディズニー・ワールド・リゾート公式ウェブサイト（https://disneyparks.disney.go.com/jp/disneyworld/destinations/magic-kingdom/　2021 年 5 月 1 日閲覧）を参照した。

16）内閣府「国民経済計算（GDP 統計）：経済活動別 GDP の構成比」（https://www.esri.cao.go.jp/jp/sna/data/data_list/kakuhou/files/2019/sankou/pdf/seisan_20201224.pdf　2021 年 5 月 1 日閲覧）

**主要参考文献**

Bryman, A.（2004），*The Disneyization of Society*, Sage Publications.（能登路雅子 監訳，森岡洋二訳（2008），『ディズニー化する社会—文化・消費・労働とグローバリゼーション—』明石書店．）

池上重輔・八木京子 他（2019），『インバウンド・ビジネス戦略』日本経済新聞出版社．

岩田隆一（2006），「なぜ東京ディズニーランドは人気があるのか。サービス・マーケティングからの分析」『筑波学院大学紀要』第 1 集，pp.51-59.

奥野一生（2003），『日本のテーマパーク研究』竹林館．

高山啓子（2014），「テーマ化される観光とまちづくり」『川村学園女子大学研究紀要』第 25 巻第 1 号，pp.55-65.

中島　恵（2011），『テーマパーク産業論』三恵社．

（公財）日本生産性本部（2020），『レジャー白書 2020』生産性出版．

森下信雄（2019），『タカラヅカの謎 300 万人を魅了する歌劇団の真実』朝日新聞出版．

安野　彰（2014），「明治末から昭和初期における宝塚新温泉の経営方針の形成について」『日本建築学会計画系論文集』第 79 巻第 702 号，pp.1809-1817.

綜合ユニコム株式会社（2020a），『月刊レジャー産業資料 2020 年 9 月号』．

綜合ユニコム株式会社（2020b），『レジャーランド＆レクパーク総覧 2021』．

綜合ユニコム株式会社（2020c），『月刊レジャー産業資料 2020 年 11 月号』．

（八木京子）

第 **3** 部

# サービス面において
# ホスピタリティが
# 関係する産業

# 第 **8** 章

# 鉄道事業におけるサービスとホスピタリティ

## 1．日本の旅客鉄道運営

### （1）日本の旅客鉄道輸送の概要

#### ① 旅客鉄道大国の日本

　日本は旅客鉄道の輸送人員が世界一の鉄道大国である。国土交通省（2020）によると，日本の年間輸送量は，251億人（2017年データ）で第1位であり，この数字は，第2位のインド（約88億人）を大きく凌いでいる。一方，旅客鉄道の輸送量は，輸送した旅客数にそれぞれが乗車した距離を乗じた数値の累計である輸送人キロで測る場合もある。輸送人キロで比較した場合，多くの人口を抱えるとともに，広大な国土に鉄道ネットワークを有している中国（141百億人キロ）とインド（116百億人キロ）の鉄道輸送量が多く，日本は，これら2カ国に次いで世界第3位（45百億人キロ）となっている[1]。しかし，中国やインドは，日本の10倍以上の人口を抱えていることから，人口1人当たりの鉄道利用距離に換算した場合には，日本人の方が鉄道の利用距離は長いことになる。

　また，各輸送モード別の輸送量の分担は，図表8-1に示すとおりであり，鉄道のシェアは32％となっている。鉄道ネットワークが発展しているヨーロ

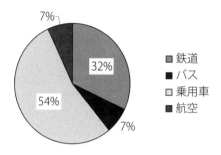

図表8−1　日本の交通機関別の輸送シェア

7%

32%

7%

54%

■鉄道
■バス
□乗用車
■航空

出典：国土交通省（2020）

ッパ諸国でも鉄道の市場シェアは7〜10%程度の国が多いことから，この点でも日本は他国を大きく凌いでいるといえる。すなわち，世界の国々の中では，日本は旅客鉄道の利用頻度が圧倒的に高い国であり，その理由や背景などは海外の交通研究者の大きな関心の対象となっている。

　では，なぜ日本では，このように旅客鉄道が頻繁に利用されているのであろうか。この理由としては，3,000万人以上を抱える東京圏をはじめとする大都市圏の存在とともに，これらの大都市圏や多くの都市が海岸線に沿った平野部に位置しているという地理的な条件が第一に挙げられよう。つまり，これらの都市が鉄道路線上に位置していることから，日本は旅客鉄道輸送に極めて適した市場環境となっているといえる。さらに，道路整備よりも早い時期に鉄道路線が整備され，駅を中心にして都市が発展するなど鉄道を利用しやすいまちづくりが進んだ点も大きい。

② 民間会社も整備を進めた鉄道ネットワーク

　このように旅客鉄道の運営に恵まれた市場環境の中，日本では大きく分類すると，JR，地下鉄，私鉄などの鉄道が運営されている。これらの鉄道は，発展の経緯も大きく異なるため，以下に概説する。

　現在のJR旅客会社は，次項で説明するように，かつての日本国有鉄道（国鉄）

が1987年に改革されて設立された会社である。つまり，JR旅客会社の多くの路線は，かつて国鉄が整備した路線であり，JR旅客会社が引き継いで運営を行っている。

　大都市では地方自治体が中心となり，国からの補助金も活用して地下鉄路線が整備された。日本においては，開業後は運賃で経費を賄う自立した経営を基本として運営を行っている。JRや私鉄との乗り換え駅も多い上に，相互直通運転も行われており，地下鉄の輸送サービスは都市内の円滑な移動に大きく役立っている。

　国鉄の路線や公的資金を活用して整備された地下鉄に対して，東京圏や関西圏などにおいては，民間の鉄道会社が補助金に頼らずに鉄道路線の建設を進めた。これらの私鉄路線は，現在に至るまで郊外と都市を結ぶ通勤・通学輸送において大きな役割を果たしている。東京圏の大手私鉄だけで1,200kmを超える路線長を有しており，これは東京〜博多（1,175km）の距離よりも長い。鉄道施設は高額の建設費を要するため，海外の国々では国などの公的資金を活用して鉄道を建設するのが一般的である。民間の鉄道会社が政府からの補助金に頼ることなく，これほど長大な鉄道ネットワークを建設した事例は極めて稀であり，日本の旅客鉄道の大きな特徴となっている。日本の私鉄が公的資金に頼らずに路線を延伸できた理由としては，住宅不足の時代の中で鉄道輸送事業とともに住宅開発などの不動産事業を同時に進め，鉄道会社が双方の事業から利益を上げていたことが挙げられる。このような経営モデルは，現在の阪急電鉄の事実上の創始者といえる小林一三氏が始めたことから「小林一三モデル」と呼ばれている。

③　国鉄改革と民営化

　私鉄の存在と並んで日本の鉄道について特筆すべき点に，国鉄改革が挙げられる。日本の国鉄は，1987年に世界に先駆けて改革され，地域分割されて設立されたJR6社が旅客鉄道を運営し，貨物鉄道輸送はJR貨物による全国1社体制となっている。駅や線路施設などの鉄道施設はJR6社が保有し，JR貨物

は6社が保有する鉄道施設を借用する形態で運営が行われている。

　また，すでに本州3社（JR東日本，JR東海，JR西日本）とJR九州の株式はすべて上場され4社は民間企業に変革されている。前述の私鉄と同様，民間企業が鉄道施設を保有した上で，旅客鉄道の運営を行っている日本の鉄道運営の形態は，世界でも稀な事例である。

## （2）日本の旅客鉄道運営の特徴

　上節で述べたように，日本の国内には，実にさまざまな旅客鉄道の路線が運営されている。経営状況も，大都市圏の鉄道路線や輸送量の多い区間の新幹線は黒字であったが[2]，地方部の鉄道路線は赤字が続いている。また，民営化されたJR会社がある一方，JR北海道，JR四国のように株式が上場されていないJR会社もある。民間企業が整備を進め，開業後も補助金に頼らずに運営されている私鉄がある一方で，地方自治体が中心になって整備を進めた地下鉄や，官と民が共同で運営にあたる第三セクターの鉄道も存在している。また，日本では鉄道会社が線路や駅などのインフラ施設を保有している形態が一般的であるが，海外では一般的となっている「上下分離」の形態で運営されている路線も存在している[3]。

　このため，すべてのケースにあてはまるとは言い難いが，次章以降で鉄道事業におけるサービスとホスピタリティを論じるのに先立って，日本の旅客鉄道運営の特徴を2点挙げておきたい。

　1点目の特徴は，鉄道事業者が駅などの大規模な鉄道施設を保有した上で独立した経営を行っている場合が多いという点である。このため，ほとんどの鉄道会社は，「駅」という旅客との接点となる場所を，列車の乗降や乗車券類の販売をはじめとする営業活動のための施設としてだけでなく，輸送事業に付帯したサービスや関連事業を行う拠点として位置付けている。駅ビルや「駅ナカ」に代表される構内事業など，関連事業を積極的に展開している点も日本の鉄道経営の大きな特徴となっている。このようなサービスの提供や関連事業の展開が可能になっている大きな要因としても，日本の鉄道会社の多くは自社が

駅施設を保有しているため，比較的自由にその使途を計画できることが挙げられる。

　2点目の特徴は，多数の鉄道路線が民間企業によって運営されていることである。国鉄時代はサービスや対応について利用者からの評価が非常に低かった点に示されるように，一般的には民間企業の方が，サービスの向上に努める傾向があるように思われる。民間企業が鉄道事業を運営している点は，売上の増加や旅客からの評価を向上させるより強い動機につながり，列車の快適性の向上やICカードの導入など，日本の旅客鉄道会社が各種のサービスを展開し，鉄道の利便性を向上させてきた大きな要因になっている。また，国鉄改革によって利用者からの評価に大きな改善が見られたことに示されるように，スタッフによるホスピタリティの実践についても，民間企業の方が向上に努める傾向があるように思われる。

## ２．鉄道輸送事業の特性と需要

### （１）鉄道輸送事業の特性

　ここでは，交通機関としての鉄道の特性を，その物理的な構造から考えたい。鉄道とは，その名称が示すように鉄製の線路を敷設し，その線路の上を車両が走行する陸上の交通機関である。旅客輸送のためには，乗客が乗降する駅施設も必要である。このため，鉄道は「大規模なインフラ施設を必要とする輸送機関」と言える。

　次に，鉄道車両は線路上だけを走行し，その線路は踏切などを除いて道路などから独立している。また，車両の安全な運行は信号設備等によって確実に管理されている。このため，鉄道は他の輸送機関と比較して，「安全性が高い輸送機関」であるといえる。

　3点目は，線路上は定められた列車のみが走行し，道路などのように渋滞が生じず，船舶や航空機のように天候の影響も少ないことから，鉄道は「定時性に優れた輸送機関」である。

　4点目は，新幹線に示されるように，「高速輸送が可能」であるという点である。速度の点では航空機に劣るものの，航空機を利用するためには飛行場へのアクセス時間を考慮しなければならない。このため，移動距離が800km程度であれば新幹線を利用して3.5時間程度で移動することが可能であり，航空機に対する競争力も十分に発揮できる。

　5点目は，線路上では複数の車両（貨物輸送の場合は，「貨車」と呼ぶ）が連なって走行することが可能であるため，一度に多くの旅客あるいは大量の貨物を輸送できることである。この「大量輸送が可能」である点が，他の輸送機関と比較した場合の，鉄道輸送が発揮できる最大の長所とも考えられる。また，この長所は鉄道会社の経営とともに人々の生活やまちのあり方に対しても大きく関係することから，以下にこれらの点について述べる。

　国土の面積が広い地理的条件においては，この特性を長距離の貨物鉄道輸送において発揮し，大量の重量貨物を効率的に運搬して黒字経営を実現している国がある。例えば，アメリカにおいては，民間の貨物鉄道会社が線路を保有し，その保守費用などを負担した上で黒字経営を続けている。

　一方，旅客鉄道輸送については，モータリゼーションが進むまでの時代は，日本をはじめ多くの国の国鉄は黒字で経営を行っていた。しかし，近年になるとモータリゼーションの進展等により鉄道の利用率は低下し，海外諸国においては，旅客鉄道部門は旅客から受け取る運賃だけでは，線路の保守費用を含むすべての経費を賄うことは一般的に困難となった。一部の高速鉄道路線や地下鉄が黒字で経営している例は海外でもあるものの，広域の路線網全体が黒字となっている例は，国鉄改革後の本州3社や日本の大都市圏で運行を行う日本の旅客鉄道に限られていると言っても過言でない[4]。

　このため，近年においては海外諸国の旅客鉄道は国や地方自治体から補助金の支給を受けながら運営を行っているのが一般的である。特に都市圏の旅客鉄道に対して多額の補助金が投入されている事例が多いが，では，なぜ補助金を投入してまで，海外では旅客鉄道事業を存続させているのであろうか。この理由についても，鉄道の「大量輸送」の特性が大きく関連している。すなわち，

次項で述べるとおり，人々はさまざまな理由で移動を行うが，特に，都市圏において鉄道が存在せずに通勤等の移動を自動車で行った場合，どのような状況になるであろうか。深刻な道路渋滞の発生によって人々の円滑な移動が困難となり，日常の通勤等の移動にも大きな支障をきたす状況になることが想像できよう。つまり，特に都市圏においては多くの人々が鉄道を利用して通勤などを行うことによって，円滑で効率的な移動が可能となっているのである。さらに，鉄道をはじめとする公共交通を軸としたまちづくりは，中心地に賑わいのある住みやすい都市を作ることにつながるとともに，自動車から排出される二酸化炭素の削減も可能となる。このような旅客鉄道が社会に与えるさまざまな便益を考慮して，海外においては補助金を投入してでも利便性の高い旅客鉄道輸送サービスを提供することが一般的になっている。

## （2）鉄道輸送の需要

　ここでは，なぜ人々は鉄道を利用するのか考えてみたい。その理由は，交通について一般的に当てはまる単純なことかもしれないが，「目的地に行く必要がある」から，人々は鉄道などの交通機関を利用して移動するのである。つまり，本来の需要（これを「本源的需要」という）は，移動の結果（すなわち「目的地への到着」）にあるわけであり，例えば，通勤で会社に，通学で学校に，通院のために病院に，買い物のために店舗に，「到着すること」が目的であり，その手段として私たちは，鉄道などの交通機関を利用して移動するのである。つまり，交通機関の利用は，一般的には人々が本来の目的を達成するために，派生的に生じている需要（これを「派生的需要」という）ということができる（図表8－2の①に相当）。

　鉄道輸送の多くは「派生的需要」であるものの，一部の需要は派生的とは言えない。例えば，豪華列車による周遊観光などはその代表的な例であろう。「目的地への到着」を果たすためには，価格が安い列車や他の交通手段が存在するにもかかわらず，あえて高額なチケットを購入して乗車する理由は，その列車に乗車すること自体が目的となっているからであろう。すなわち，このような

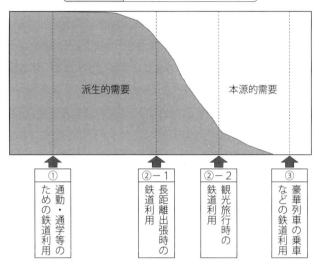

図表 8 − 2　鉄道利用の需要とその事例

派生的需要

本源的需要

①　通勤・通学等のための鉄道利用

②− 1　長距離出張時の鉄道利用

②− 2　観光旅行時の鉄道利用

③　豪華列車の乗車などの鉄道利用

出典：堀（2017，p.18）をもとに著者作成。

場合には，豪華列車での移動が観光の主な目的であり，列車への乗車そのものが「本源的需要」になっていると考えることができる（図表 8 − 2 の③に相当）。

　また，人々の気持ちや行動は複雑であり，列車での移動が「派生的需要」であるのか「本源的需要」であるのか，曖昧な場合も存在する。例えば，観光旅行の場合はどうであろうか。たしかに温泉地などの観光地に行き，そこに宿泊し，食事を楽しむことが本来の目的であるかもしれない。このような旅行であっても，列車内で楽しい時間を過ごすことが旅行の楽しみの１つになっている場合もあると思われる（図表 8 − 2 の②− 2 に相当）。仕事による出張も，果たして完全な「派生的需要」といえるであろうか。長距離出張で移動手段が選択できる場合，他の輸送機関でなく美しい車窓が楽しめる列車を選択し，車内で例えば駅弁を食べながら快適な時間を過ごしたいと考えている旅客もいるであろう。このような旅客は，鉄道での移動に「本源的需要」の要素を見出しているといえる（図表 8 − 2 の②− 1 に相当）。このように，特に移動時間がかかる都市間輸送の場合には，「派生的需要」と「本源的需要」の区分が曖昧になってい

るケースも頻繁に見られる。

## 3. 旅客ニーズに応じたサービスとホスピタリティ

　前項の「（2）鉄道輸送の需要」で述べたように，鉄道に対する利用者の需要は多様となっており，鉄道会社は，旅客の多様なニーズに相応しいサービスを提供することが求められている。また，状況によっては，鉄道のスタッフは旅客と直接的に接し，一人ひとりのニーズと欲求に応える個別的な対応，すなわちホスピタリティの実践が求められている。本節においては，代表的な3つのケースにおいて，どのようなサービスとホスピタリティが必要とされているか論じる。

### （1）通勤・通学の旅客に対するサービスとホスピタリティ

　通勤や通学などのための移動は，図表8−2の①で示されるように，旅客は「派生的需要」として鉄道を利用している。都市部の鉄道利用の多くはこのケースに相当するものと考えられ，鉄道会社としては「不特定多数」で，日常的利用の度合い，すなわち利用頻度の高い旅客を対象にサービスを提供している。このような日常輸送においては，目的に適した輸送機関は限られている場合が多いが，利用者は，一般的に鉄道に対して多様なサービスの提供よりも，本源的需要を達成するために短時間で効率的に目的地に到達することを期待している。このような旅客の期待に応えるためには，鉄道会社のスタッフによる対応も，個別の対面対応（例えば，かつての有人改札）よりも，機械化されたシステム（例えば，現在の自動改札）の方が効率的・機能的に対応できる場合も多く，平常時は旅客側もそのような確実で迅速なサービスの方を便利と感じている。通常は機械化されたシステムにより円滑な移動が可能であっても，例えばICカードの記録不備などが生じた場合には，有人窓口での記録処理等の対応が必要となる。このように対面での対応が必要となった場合であっても，鉄道スタッフと旅客との関係は機能性優位となり，必要な対応が迅速に行われることが

大切といえる。

　しかし，このような通勤・通学のための輸送であっても，列車の遅延時の対応，忘れ物をした時など旅客が困っている場合の対応，あるいは身体の不自由な方への対応などについては，駅のスタッフによる親切で丁寧な接客が必要とされる。このような場合には，スタッフの対応に旅客は「満足した」あるいは「不満であった」という情緒性優位の感想を抱くことになるため，駅のスタッフによるホスピタリティの実践は大切であるといえる。また，満足してもらう対応を行うためには，旅客と直接に対応するスタッフだけでなく，的確なサービスの提供と柔軟な対応を含むホスピタリティの実践ができるように関係する駅員が適切なサポートを行うことが求められる。

## （2）長距離移動の旅客に対するサービスとホスピタリティ

　長距離移動については，図表8−2の②−1または②−2で示されるように，基本的には「派生的需要」であるものの，移動そのものにも楽しみの要素が含まれる状況に相当する。長距離移動の場合には，通勤・通学輸送とは異なり，利用者には複数の選択肢がある場合が多い。例えば，都市間を移動する場合には，鉄道を利用するよりも，高速バスの方が安く目的地に到着できるかもしれないし，自ら自動車を運転して移動することも可能でもあろう。鉄道で3時間以上かかるような場合には，航空機も選択肢に加わるかもしれないし，自動車を載せてフェリーで移動する場合もあろう。利用者はこれら複数の選択肢の中から運賃・料金や所用時間のみならず移動中の快適性などを考慮に入れて交通機関を選択する。すなわち，これらの輸送機関はお互いに競争関係になっているため，鉄道会社は自社の輸送手段が選択されるように，機能的な面のみならず快適性なども含めて総合的にサービス水準の向上に努める必要がある。

　長距離輸送は，通勤・通学輸送と比較すると旅客数は少なくなり，旅客にとっても利用頻度が低い非日常的な交通利用である。また，移動に数時間を要するため，たとえ仕事のための出張であっても，交通機関に「快適性」を求めることになる。さらに，観光旅行であれば移動時間に「楽しみ」を求める場合も

多いであろう。

　利用頻度が低いために旅客は不慣れな場合もあり，鉄道においてもスタッフが個別の旅客に対して一定の時間を要しながら案内等を行う場面が多くなる。また，通勤輸送と比較して，旅客は車中の快適性を大切と考えていることから，その期待に応える対応が求められる。例えば，車内放送を落ち着いて聞ける音声や内容にしたり，車内販売の内容や方法を工夫したりするなど，旅客が満足するサービスの提供や多様な欲求に応えるホスピタリティの実践が求められる。すなわち，通勤・通学輸送における機能性優位の対応と比較して，旅客に情緒的に満足してもらえるか否かという評価も重要となり，この満足度が次回も鉄道を選択してもらえるかどうかを左右することにつながる。

## （3）観光列車の旅客に対するサービスとホスピタリティ

　観光列車による旅行は，図表8-2の③で示されるように，列車に乗車することが「本源的需要」となっている。近年は，JR九州が運行する豪華列車「ななつ星」に代表されるように，列車に乗る楽しみを提供するために鉄道会社は豪華列車の運行やテーマを設定した各種の観光列車を運行している。

　このような観光列車への乗車にあたって，旅客はどのようなことを期待しているであろうか。もちろん，豪華な車両への乗車や，車窓から眺める美しい風景なども楽しみであろうが，鉄道での旅行を通じて思い出に残る経験を期待しているのではないだろうか。

　このため，このような「本源的需要」を動機として観光列車に乗車する旅客に対しては，駅や車内のスタッフによる対応も，機能的なサービスの提供や必要な案内などだけでは不十分であり，情緒的に満足してもらえる対応を実践することが重要になってくる。思い出に残る乗車を旅客に経験してもらうためには，接客スタッフはマニュアルに沿った対応を行うだけでなく，現場の場面に即した柔軟な対応，まさにホスピタリティの実践が求められることになる。長時間におよぶ観光列車の中では，列車内のスタッフも個別に旅客との対応にあたる場面が多くなり，この対応が旅客の思い出に残る体験になる場合もある。

駅や列車のスタッフが，多様なニーズや欲求を持っている一人ひとりの旅客に
満足してもらえる対応を実践するためには，接客スタッフを支える鉄道会社と
してのサポート体制も大切である。

## 4．日本の鉄道事業の現状と課題

　日本の旅客鉄道輸送の市場においては，複数の事業者が存在するため，事業
者は相互に競い合いながらサービス水準の向上に努めてきた。一方で，駅での
乗り換え利便性の改善や IC カードの導入，あるいは相互乗り入れの促進など
に関しては，複数の鉄道事業者が相互に協力しながら旅客の利便性向上に向け
た施策を実施してきた。また，私鉄や国鉄改革により発足した JR 各社は，旅
客との接点となる「駅」を最も重要な営業拠点と位置づけ，旅客輸送に必要な
サービスの提供とともに駅ビルや「駅ナカ」などの関連事業も積極的に展開し
てきた。

　鉄道輸送は，基本的に旅客が目的地に行くための「派生的需要」と位置付け
られるが，鉄道各社は，選択される輸送機関になるべく速達性の向上など鉄道
輸送そのものの品質の向上を図ってきた。これと同時に，ホテル・飲食・物販
などの幅広い事業展開を進めるとともに，観光地の PR など旅行需要の創造に
も努めてきた。旅客鉄道輸送に適した地理的条件に恵まれていた点も大きい
が，このような積極的な事業展開の下で十分な収入を確保し，補助金に頼るこ
となく自立した運営を行うという，世界でも比類のない鉄道経営を日本の鉄道
事業者は続けてきた。

　しかし，2020 年の新型コロナウィルスの流行は，鉄道による移動需要を急
激に減少させ，市場の様相を一変させることとなった。2020 年度は，国鉄改
革以降 33 年間にわたって黒字経営を続けてきた JR 本州 3 社も赤字になるなど，
未曽有の変化に巻き込まれている。この点は，黒字経営を基本としていた私鉄
各社も同様である。今後の輸送需要の回復は，新型コロナウィルスの流行がど
のように沈静化するかに大きく左右されるが，長期的には，さらに進む人口減

少も輸送需要に少なからぬ影響を与えるであろう。

　このように，鉄道輸送を取り巻く市場環境は大きな変革にさらされているが，鉄道が生き残っていくためには，利用者からの信頼の基礎である安全輸送を柱にして，今後も着実に顧客ニーズに応えていくことが求められる。また，他の輸送機関との競争の中で鉄道が選択され続けるためには，旅客との接点でありサービスの拠点である「駅」と「車両」を魅力的で快適なものにすると同時に，そこで提供されるサービスの質を高める取り組みを続けていくことが重要であろう。さらに，多様なニーズや欲求を持っている一人ひとりの旅客に満足してもらえる対応，ホスピタリティの実践を継続していくことも大切であると思われる。

【注】
1）　括弧内の輸送量は，OECD（2020）による 2019 年のデータである。
2）　2020 年の新型コロナウィルスの流行後は，「4. 日本の鉄道事業の現状と課題」に論じたとおり，JR および大都市圏の大手民鉄の鉄道輸送事業も赤字に陥った。
3）　例えば，国鉄改革後に建設された整備新幹線路線については，公的機関（鉄道・運輸機構）が鉄道施設を保有している。
4）　整備新幹線路線の開業後は，JR 九州の鉄道輸送も黒字経営となった。また，2020 年度の鉄道事業については，「4. 日本の鉄道事業の現状と課題」に述べた通り，新型コロナウィルスの流行にともなう輸送需要の減少により各社とも赤字になった。

［主要参考文献］
国土交通省（2020），『数字でみる鉄道 2019』（一財）運輸総合研究所.
徳江順一郎（2018），「サービスの特性とサービス・マネジメント」『ホスピタリティ・マネジメント（第 2 版）』同文舘出版.
堀　雅道（2017），「観光交通サービスの特性と観光交通ビジネスの展開」『観光交通ビジネス』成山堂書店.
前田　勇（2007），「サービスの構造」『現代観光とホスピタリティ─サービス理論からのアプローチ』学文社.
OECD（2020），OECD 統計，https://data.oecd.org/

（黒崎文雄）

# 第**9**章

# クルーズ事業における
# サービスとホスピタリティ

## 1．クルーズ産業の発展過程

　クルーズ自体は，古代ローマにその起源を遡れるという説もある（糸澤 (2017) による）が，船舶による旅客輸送はもともと，前章で論じたところの派生的需要に応えてきたのが基本であった。しかし，他の交通機関の発達により，船舶での移動が不可避となるケースを除いて，旅客輸送の多くは船による移動そのものが目的となる本源的需要へと転換していったという側面がある。

　諸説あるが，産業化という視点では，定期航路の運行休止の際に，イギリスの P&O 社（Peninsular and Oriental Steam Navigation Company）によるサウザンプトン発着の地中海・エジプトクルーズが最初とされる（1844 年）。欧州には，冬季に陽射しが限定的となる地域もあり，特にそういった地域の人々が，太陽を求めて，温暖な地中海やカナリア諸島などへ赴くようになったのである。

　しかし，こうした移動に関しては，一部を除いて時間面で他の交通機関との競争において不利な状況が生じてくることになった。そこで，移動・滞在そのものを楽しむ方向性に転換していき，現在のクルーズにおけるビジネスモデルが完成したといえよう。

　一方で米国では，1970 年前後からカリブ海クルーズが発展しはじめる。中

産階級の経済力が向上するにつれ，観光への動機もかき立てられることになり，選択肢の1つとしてクルーズも注目されるようになった。

　いずれにせよ，カリブ海，地中海といった温暖な地域を中心に，世界中でクルーズが実施されるようになっている。最近は，アジアでの利用が急増し，さらにリバー・クルーズも，それまでにない地域で新しいプランが開拓されるに至っている。

　CLIA（クルーズライン国際協会），JOPA（日本外航客船協会）の調べによると，クルーズ人口は1990年頃には全世界で4〜500万人であったのが，2000年頃には1,000万人強，2012年頃に2,000万人を超え，2018年頃には3,000万人近くにまで達していたと目されている。その約7割〜半分は米国が占めていたが，近年は世界中に利用者が増えている。

　日本では「ふじ丸」，「おせあにっくぐれいす」が建造された1989（平成元）年を「クルーズ元年」と呼ぶ。この頃からクルーズの利用者は増加しはじめ，2017（平成29）年以降は30万人を超え，2019（令和元）年には過去最高の35.7万人を数えるに至っている。

　なお，本稿内の記述は，コロナ禍前のものである。今後は変化していくことも予想される。

## 2．クルーズ産業の特徴

### （1）法律による分類

　わが国の法令（船舶安全法，海上運送法）では，13人以上の定員を有する船舶が旅客船と定義されている。この中で，宿泊のための設備を持ち，さまざまなエンターテインメント・アミューズメントを取り揃え，相対的に長期間にわたる船旅そのものを楽しむものを，通常「クルーズ客船」と呼ぶ。

　クルーズは，他の交通機関を代替するのではなく，船に乗ること自体が主たる目的（本源的需要）となっている。また，そのためにも船内では多様なエンターテインメントが提供されており，通常は宿泊がともなうことになる。いわ

ゆる「渡船」のように比較的近距離の移動に用いられる船舶やフェリーなどは移動こそが目的であり，遊覧船などは短距離・短時間の利用となることから，通常はクルーズとは区別される。

## （2）市場面からみた分類

　クルーズ市場は一般的に，価格帯によるカテゴリーと船の規模によって，いくつかに分けられる。価格帯としては，ラグジュアリー，プレミアム，カジュアルの3段階，規模としては大型船，中型船，小型船のやはり3段階に，それぞれ分類されることが多い。

　小型船の方が，乗客数が少ない分だけ船内におけるコミュニケーションが密になる傾向があり，その結果として，乗客同士の交流が増える可能性が高いという特徴がある。一方で，大型船の方が，巨大なアミューズメント施設や最新鋭の設備が用意される傾向がある。また，最近の大型船では客室のカテゴリー

**図表9-1 価格帯と規模による分類**

| | 小型船（3万トン未満） | 中型船（5万トン未満） | 大型船（5万トン以上） | |
|---|---|---|---|---|
| ラグジュアリー | リージェント・セブンシーズ シルバーシー バイキング・オーシャン・クルーズ | | | |
| | アクア・エクスペディションズ ポール・ゴーギャン シーボーン シードリーム ハパグロイド シークラウド | クリスタル・クルーズ | | （以下は，船内における客室カテゴリーによって分かれる） キュナード MSCクルーズ ノルウェージャン・クルーズライン ドリームクルーズ |
| プレミアム | アザマラ・クラブ ポナン ウィンドスター | オーシャニア・クルーズ ホーランド・アメリカ・ライン | プリンセス ドリーム セレブリティ | |
| カジュアル | スター・クリッパーズ | ピースボート プルマントゥール サガクルーズ | ロイヤル・カリビアン カーニバル コスタ ディズニー・クルーズライン スタークルーズ | |

出典：成実（2020），『クルーズ』2017年6月号などをもとに著者作成。

を分け，上級客室の専用エリアや専用施設，専用のレストランなどが用意されることもある。

　かつては，各企業（あるいはブランド）がラグジュアリーならラグジュアリーにといった形でいずれかに特化していたが，近年の船会社の巨大化により，こうしたカテゴライズにも変化が生じてきている。

## （3）クルーズの種類
　クルーズは，その周遊地によっても分類される。以下に主なものを例示する。

① 　カリブ海クルーズ

　マイアミなどを起点とし，カリブ海の島々を3～4日間から1週間程度で巡る，比較的短期間で実施されるクルーズである。「ノルウェージャン・カリビアン・ライン」が開発し，「ロイヤル・カリビアン」，「カーニバル・クルーズ・ライン」が大きく発展させた。

　バハマ，プエルトリコ，メキシコなどカリブ海周辺各国の都市に寄港する。需要が大きいエリアでもあるため，各社の代表格ともいえる船が投入され，最新鋭の技術も採用されている。

② 　地中海クルーズ

　世界遺産も多く，多様な観光資源に恵まれる地中海沿岸におけるクルーズである。イタリア半島を境に西地中海クルーズ，東地中海クルーズに分けられることが多い。

　西地中海クルーズでは，アマルフィ，ポルトフィーノ，サルジニア島，マルタ島，ナポリ，リビエラ・コースト，マヨルカ島，イビザ島，コルシカ島，モナコ，アンダルシアなどに寄港し，東地中海クルーズでは，ベニス，イスタンブール，サントリーニ島，デロス島，ミコノス島，キプロス，ドブロブニク，コリントス運河などに寄港する。

③　アラスカ・クルーズ／北海・バルト海・ノルウェー・クルーズ

いずれも，北方の海域をめぐるツアーである。アラスカ・クルーズでは世界遺産のグレーシャー・ベイなど，北海・バルト海・ノルウェーなどではサンクトペテルブルクやフィヨルドなどをめぐる。

④　世界一周クルーズ

これを冠しているクルーズに対して明確な定義があるわけではないが，通常は，以下の条件を満たすものが一般に世界一周クルーズとされる。

　　・すべての子午線を横切る
　　・五大陸すべてを経由する
　　・赤道を通過する
　　・大西洋と太平洋の双方を横断する

短くとも 90 日間程度，長いものでは半年程度のクルーズとなる。寄港地でのアクティビティの他にも，赤道超え，パナマ運河通過，スエズ運河通過といった独特のイベントが盛り込まれることが特徴である。

東回りよりも，一日の時間が長くなることから西回りの方が体に負担が少ないとされる。

⑤　その他

以上の他にも，近年，急速に人気が増大している「アジア・クルーズ」や，ハワイ諸島の各島をめぐる「ハワイ周遊クルーズ」，ドナウ川，ライン・マイン・モーゼル川などでの「リバー・クルーズ」などがある。アジア・クルーズにはわが国も寄港地に含まれることが多い。リバー・クルーズでは，最近ではアマゾン川，メコン川などにおける，小型船によるラグジュアリー・クルーズが話題である。

## （4）主たるクルーズ運営会社

### ① カーニバル・コーポレーション

カジュアル・クラスのクルーズ船が中心となる「カーニバル・クルーズ・ライン」を軸に，カリブ海を中心として世界中で運航している。

1972 年，「ノルウェージャン・クルーズ・ライン」（後述）の共同経営者だったテッド・アリソンが設立したが，多くの同業者を傘下におさめ，現在では巨大クルーズ企業となっている。以下，傘下の各企業（ブランド）について説明する。

同じくカジュアル・クラスの「コスタ・クルーズ」は，1924 年「コスタ・ライン」として設立された。当初は貨物船を運航していたが，1947 年に定期旅客航路を，そして 1959 年にクルーズを開始した。1997 年にカーニバルと旅行会社エアツアーズの傘下になり，2000 年には完全にカーニバルの傘下になった。東アジア市場開拓のパイオニアとされる。

プレミアム・クラスの「プリンセス・クルーズ」は 1965 年に創業した。米国ロサンゼルスからメキシコ，リビエラへのクルーズで人気を博したが，1974 年，英国 P&O 社に買収され，P&O プリンセス・クルーズとなった。1977 年，アメリカのテレビドラマ「ラブボート」がプリンセス・クルーズを舞台とし，ブームに乗っている。2003 年にカーニバル傘下となった。

1873 年創業の老舗，プレミアム・クラスの「ホランド・アメリカ・ライン」は，その名のとおり，オランダと米国を結ぶオーシャン・ライナーとしてスタートしている。現在ではアラスカ・クルーズやインドネシア・クルーズなどに強みがある。

そして，オーシャン・ライナーといえば，「キュナード・ライン」も忘れてはならない。ラグジュアリー・クラスとされることもあるが，各船には複数のクラスが設けられている。同社は 1839 年，British & North American Royal Mail Stamp Packet Co. として設立され，1840 年に大西洋横断定期航路に進出している。1870 年に洋上初のバスタブを，1881 年に洋上初のスイート・ルームを，1911 年に洋上初のジムを，1922 年には世界初の世界一周クルーズをス

タートさせるなど，業界のパイオニアとしての側面も持っている。1934 年に，1845 年創業の「ホワイト・スター・ライン」（タイタニックの運航会社）を合併している。1998 年，カーニバル傘下に入った。有名な「クイーン・エリザベス」，「クイーン・メリー 2」，「クイーン・ヴィクトリア」を運行している。

　以上の他にも，ラグジュアリー・クラスでオール・インクルーシブのシステムを採用している「シーボーン・クルーズ・ライン」や，カジュアル・クラスの「ファゾム」（米国），「アイーダ・クルーズ」（ドイツ），「P&O クルーズ」（英国），「P&O クルーズ・オーストラリア」（オーストラリア）などを擁している。

② 　ロイヤル・カリビアン・クルーズ

　カジュアル・クラスの「ロイヤル・カリビアン・インターナショナル」を中心とする，カーニバルと並ぶ業界の雄である。同社は 1968 年に，ノルウェーの船舶運行会社 3 社の共同出資により設立された。13 万トンの「ボイジャー」クラス（1999 年），16 万トンの「フリーダム」クラス（2007 年），22 万トンの「オアシス」クラス（2009 年）と，大型船を次々に投入したことで話題となった。同社の傘下には，以下の各社（ブランド）がある。

　1989 年にギリシャで創業したプレミアム・クラスの「セレブリティ・クルーズ」，同じくプレミアム・クラスの「アザマラ・クラブ」，カジュアル・クラスではスペインに拠点のある「プルマントゥール・クルーズ」，ドイツ拠点の「TUI クルーズ」，中国拠点の「スカイシー・クルーズ」といったラインナップである。

③ 　ゲンティン香港

　1993 年に創業したカジュアル・クラスの「スター・クルーズ」を中核として，プレミアム・クラスの「ドリーム・クルーズ」，ラグジュアリー・クラスの「クリスタル・クルーズ」から成る。

　「クリスタル・クルーズ」は，1988 年に日本郵船が設立し，2015 年にゲンティン傘下となった。1995 年完成のクリスタル・シンフォニー，2003 年完成の

クリスタル・セレニティを擁している。クリスタル・ハーモニーは2005年に郵船クルーズに売却され、飛鳥Ⅱとなった。

④　ノルウェージャン・クルーズ・ライン

　カジュアル・クラスの「ノルウェージャン・クルーズ・ライン」は、1966年に「ノルウェージャン・カリビアン・ライン」として創業した。マイアミを起点としたカリブ海クルーズのビジネスモデルを確立したとされる。現在は世界中でクルーズを展開している。食事時間、食事の席、ドレスコードなどが一切ない「フリー・スタイル」が特徴となっている。

　2010年にゲンティン香港に買収され「スター・クルーズ」の傘下であったが、2018年には離脱している。

⑤　その他の会社

　MSCクルーズは、1920年にナポリで創業した「フロッタ・ラウロ」が前身である。1987年にMSC（Mediterranean Shipping Company）傘下となり、名称が変更された。

　ラグジュアリー・クラスの「リージェント・セブン・シーズ」は、「カールソン・レジャー・グループ」が1992年、「ラディソン・ダイヤモンド・クルーズ」として創業した。

　1847年に創業した「ハンブルグ・アメリカ・ライン」と、1856年に創業した「ノース・ジャーマン・ロイド」が1970年に合併して誕生したのが「ハパグロイド・クルーズ」である。当初は大西洋横断のオーシャン・ライナーが中心だったが、徐々にクルーズに重心が変化した。

　1983年に東京発着でミクロネシア地域を巡るチャーター・クルーズを初めて実施し、1990年から世界一周クルーズをスタートさせたのが「ピースボート・クルーズ」である。いわゆる「相部屋」の設定もあり、比較的低価格から世界一周ができる。

　日本の船会社である「商船三井」は、南米移民航路の廃止にともない、1972

（昭和47）年，あるぜんちな丸をクルーズ客船にっぽん丸（初代）に改造してクルーズに進出した。1975（昭和50）年，ブラジル客船を購入してセブンシーズとして就航させ，翌年，2代目のにっぽん丸とした。

　以上の他には，2007年に創業し，アマゾンとメコン川でのリバー・クルーズを皮切りに，複数のオーシャン・クルーズも提供する「アクア・エクスペディションズ」，ウォルト・ディズニー・カンパニーがバハマ諸島に所有する島への運行が中心の「ディズニー・クルーズ・ライン」，ホテル運営会社による「ザ・リッツ・カールトン・ヨットコレクション」，日本の瀬戸内海における「ガンツウ」といったところが興味深い存在となっている。

## 3．クルーズ船におけるサービスとホスピタリティ

### （1）船内設備

　クルーズ船は，短くても数日間，長いものでは数カ月間，乗船客は船内で過ごすことになる。そのため，船がいわば生活の場でもあるといえ，その時間を快適に過ごせるような工夫がさまざまに凝らされている。

### ①　客室（船室）

　客室は，大型船では3,000室程度を擁しているものもあり，カテゴリーで分けられている。

　窓がない内側の船室，バルコニーがついている船室，あるいはスイートやファミリー用の船室もある。1人客もいるため，シングルルームが用意されているケースもある。その事例は成実（2020）に詳述されているが，一部をここでも紹介する。

### ②　娯楽施設

　乗船客は長い時間を船内で過ごすことになるため，さまざまなアミューズメント施設・設備が用意されている。

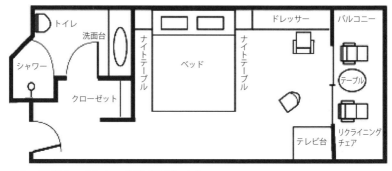

**図表9−2　バルコニー付きの客室レイアウト例**

出典：図表9−3とも，成実（2020）より。

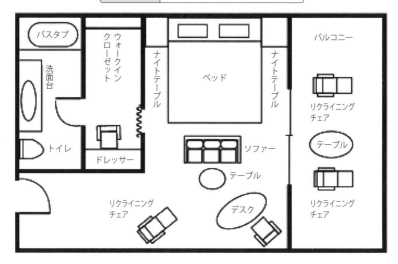

**図表9−3　スイートの客室レイアウト例**

　リゾートホテルと同様，屋内外にプールが用意されている。中には，フリー・フォールやスライダー，あるいはサーフィン用のプールがある船も存在する。

　大型船になると，アトリウムが設置され，そこにカフェや各種ショップが立ち並んでいるケースもある。また，空まで吹き抜けとなっているものもあり，

こうした場合には内側の船室でもこのアトリウムに面して客室が配置され，圧迫感が軽減されている。

シアターやショースペースが設けられていることも多い。なんとアイススケート・リンクが設置されている船もある。

最近では，ロック・クライミング，擬似スカイダイビング，クレーン式の展望カプセルといった新しい設備が続々と投入されている。

③　料飲サービス施設

基本はメイン・ダイニングとブッフェ・レストランの組み合わせであるが，大型船の場合には多様な料飲サービス施設が用意されている。

メイン・ダイニングの位置づけとなるのは，フランス料理が多い。とはいえ，昨今の乗船客は欲求も多様化しているため，イタリア料理，メキシコ料理，ステーキ・ハウス，寿司店，あるいはファーストフードまで用意されていることもある。

④　その他

長い時間を過ごすことから必要とされる，クルーズ船ならではの施設としては，理美容室や医務室が挙げられる。

## （2）人的サービス

クルーズ船は組織面も興味深い。船員たちは，船の航行に関わるスタッフ（運行部門）と，乗船客に対するサービスを担当するスタッフ（サービス部門）とに大別される。前者は安全に運行することに責任を持ち，後者は乗客と直接接してサービスの提供を行う。なお，船長はこの双方の責任者ということになる。

前提として，運行部門では着実なプロセスの遂行が求められる。もちろん，天候の変化などに合わせて柔軟に対応する必要性が生じるのは当然であるが，乗船客との直接的な接点は限定的であるため，いわゆる応用的なサービス提供の必要性は低い。

| 図表 9 − 4 | クルーズ事業のサービス特性 |

| サービスの性質 | クルーズ | ホテル |
|---|---|---|
| スタッフの多様性 | 高 | 低 |
| スタッフの流動性 | 高 | 低 |
| コミットメントの長期性・連続性 | 高 | 低 |
| サービス空間の閉鎖性 | 高 | 低 |
| お客様のコスト負担 | 大 | 小 |
| お客様のサービス選択の自由度 | 低 | 高 |

出典：米澤（2010），p.95 を一部改変。

　これに対して，サービス部門では，例えばホテルと比較して留意する必要が生じる点がいくつかある。米澤（2010）は，クルーズではお客様のコスト負担が高いために事前期待が大きくなること，閉鎖的な空間でのサービスとなるため選択肢に限りがあることから，高品質なサービスを維持するためのマネジメントが重要であると主張する。そして，ホテルとの相対的な比較で図表 9 − 4 のような提示もなされている。

　船の（あるいはカテゴリーの）クラスにもよるが，上級クラスの場合には，24 時間対応のバトラー・サービスが提供されている。一方で，たとえカジュアル・クラスであっても，非常に細やかなサービスが期待できる。

　船内でのサービス提供のみならず，寄港地でのオプショナル・ツアーに関しては，エクスカージョン・マネジャーと呼ばれるスタッフが対応することになる。また，寄港地では地元側の歓迎行事も開かれることが常である。

　特徴的なのは，全体の 20 〜 25％はいるといわれる 1 人客の存在である。こうした 1 人客の交流のため，あるいは長旅で飽きがこないよう，社交ダンスの時間が用意されていたり，各種講座やカルチャースクール的な教室が開かれていたりもする。これはホテルではほとんどみられない。

　米澤（2010）が指摘するように，1 人客からカップル，ファミリーに至るまで多様なお客様が乗船し，選択肢が相対的に少ない状況に対して，多国籍のスタッフがサービス提供に当たるということは，応用的な対応を随時心がけつ

つ，お客様との関係性をマネジメントすることにより，満足度を上げる必要が
生じることになる。そして，そのためにも，スタッフ個々の応用力，対応力，
そしてコミュニケーション力について，一定以上のレベルを維持していく必要
がある。

## 4．クルーズにおける課題

　今後もクルーズ市場における需要は増大することが見込まれている。海上
（または河川上）という非日常のきわみともいえる環境で，あたかも「動くホテ
ル」のように移動しながら観光資源を巡るというのは，移動も含めたトータル
での観光となっていることが強みになっている。

　各社はコストの削減にも熱心に取り組んでおり，1泊当たりの金額もかなり
下がってきている。その分，市場の裾野が広がる可能性も秘めているといえる
だろう。

　また，クルーズは経済効果も大きい。1週間程度の定期クルーズ起点港は年
間200億円程度，寄港港でも20億円程度の経済効果があるという試算もある
（池田（2012）を参照）。

　一方，これは次章の航空とも関連するが，コスト構造の面からは燃費に左右
されやすいという点が大きく響いてくる。環境意識の高まりも踏まえると，一
層の効率性を追求した船舶の開発も待たれるところである。

　さらに，環境面では，廃棄物の不法投棄が問題となったことがある。これは
言語道断の行為であり，今後はそういったことが一切ないよう各社とも対応に
注力すべきだろう。

　日本ではかつて，「豪華客船」という言葉を耳にしたが，これに象徴される
ように，日本船はラグジュアリーのみとなっている。ボリューム・ゾーンであ
るカジュアルやプレミアムへの展開が不足しており，この点から日本企業は一
歩遅れているといわざるをえない。

　最後に，コロナ禍で浮き彫りになった問題点が，船内での感染拡大であっ

た。閉鎖的な空間で多くの人々が生活する以上，それ以外も含むさまざまな伝
染病への対策は，今後も大きな課題となってこよう。また，入港拒否の問題も，
これまでは検討する必要性のないものであった。これからは，こうした事態が
生じた際の対応について，世界的なコンセンサスを取っていく必要もあるだろ
う。

【主要参考文献】
池田良穂（2012），「現代クルーズの歴史」『日本船舶海洋工学会誌』44 巻，pp.2-8.
糸澤幸子（2017），「観光考古学によるクルーズ起源の解明—クルーズツーリズム発祥
　の原点—」『日本国際観光学会論文集』第 24 号，pp.121-128.
高木大介（2019），「世界，米国及び日本におけるクルーズ市場の動向」『海外の最新
　事情・トピック』運輸総合研究所．（https://www.jttri.or.jp/topics/kenkyu_report/
　2019/takagi07.html　2021 年 3 月アクセス）
成実信吾（2020），「動くリゾートホテル：クルーズにおける宿泊」（徳江順一郎編著
　『宿泊産業論』第 14 章，創成社，pp.191-199.）
米澤聡士（2010），「クルーズ客船事業におけるサービス・マネジメントと船員戦略」
　『国際ビジネス研究』第 2 巻第 2 号，国際ビジネス研究学会，pp.93-107.
『クルーズ』2017 年 6 月号，海事プレス社.

（徳江順一郎）

第 **10** 章

# 航空事業におけるサービスとホスピタリティ

## 1．日本の航空事業の歴史

### （1）誕生期

1903 年にライト兄弟が初の動力飛行を行った際の空中滞在時間は 1 分に満たなかったという。その後の技術革新と幾多の挑戦に支えられ，1919 年パリ〜ロンドン間で世界初の国際定期便が運航を開始した。1927 年に定期便での最初の機内サービスがはじまった当初は，サンドイッチボックスやフルーツ，チョコレートを配布するのみであったが，翌年には機内にギャレーと呼ばれる厨房が設置されホットミールのサービスが開始される。当時の機材は与圧機能がなく，飛行による振動やプロペラの騒音も激しかった。このような環境下，狭い機内で重い食事や熱い飲み物をこぼさずに運ぶことは，とても体力のいる難しい仕事とされていた。また，飛行機は一度離陸すると，着陸するまで機内で起こることすべては乗務員が対処しなければならない。すぐに警察組織や医療機関に頼ることが可能な地上とは異なる環境である。そのため，当初の機内サービスは Steward と呼ばれる男性乗務員のみによって担当されていた。

1930 年米国において，航空会社の客室乗務員の募集に女性看護師が応募してきたことを契機に看護師資格を持つ女性複数人を試用で乗務にあたらせたと

ころ，揺れの激しい機内で気分が悪くなった乗客を適切に援助したり暖かく介抱したりし，その対応が大変好評だったという。そして，これ以降，女性の乗務員（Stewardess）が積極的に採用されることとなった。この業務には潜在的に，機内環境への対応力とともにホスピタリティ精神が必要であることを表しているといえよう。女性の乗務員たちは，飛行中の飲食サービスや手荷物の運搬，悪天候時の旅客対応などにおいて，その手際と暖かみのある接遇で，制服姿とともにホスピタリティを象徴的に表す存在になっていった。

　日本の航空運送事業は，第二次世界大戦後に本格的に始動する。当時の機材は，座席数が30〜90席程度と少なく，公務・業務の移動手段としての利用のほか，観光のための利用としては欧米からの旅客やごく一部の富裕層が中心であった。1954年に国際線が運航を開始したが，航続距離が短く速度も遅い機材での運航であり，東京〜サンフランシスコ間は途中ホノルルなどいくつかの地点を経由し30時間以上かかったという。欧米の旅客や国内の富裕層など，洗練されたサービスに慣れたお客様に満足していただき，非日常の空間でリラックスしていただくには，サービス技量と幅広い知識に裏打ちされた会話力，特殊な環境での仕事に耐えうる体力，そしてなにより優しい心配りが求められていた。

## （2）発展期

　1960年代に入り，ジェット機が就航すると，座席数は130〜200席ほどに増え，飛行時間も大幅に短縮される。航空機の利用は以前より多くの層に広がるが，まだまだ贅沢な乗り物というイメージであった。

　以前より広くなった客室を最大限に活かし，日本文化の紹介を兼ねて日本のきめ細やかなおもてなしを全面に押し出す機内サービスを展開するのが，この時期である。機内に広々としたラウンジを設け，窓には障子を入れるなど和室での寛ぎの空間を演出した。機内食では，折り鶴の箸置きや和食器を用い，和風のメニューを導入するなどしたうえで，日本の伝統的な衣装の1つである半被をアレンジしたハッピコートを機内ファーストクラスのリラクシングウェア

に採用し，客室乗務員が着物を着てサービスにあたった。これらは特に外国人
旅客に大変好評であった。ファーストクラスでは，オードブルやデザートなど
をワゴンにディスプレイして，旅客の席までお持ちするサービスがこの時期に
開始された。ロングドレスに真珠のネックレスをつけたパーサーがお客様の好
みを伺い，好きなものを好きなだけその場で美しく盛り付けて提供するサービ
スは大変優雅であったという。

　また，現在では機内でのおしぼりのサービスは世界の多くの航空会社が行っ
ているが，これは日本航空がこの時期に初めてスタートさせたサービスであ
る。単にアイテムとして提供するのではなく，ホスピタリティを表すためには
どのように渡すかという部分にも工夫が凝らされてきた。こうしてサービスア
イテムの企画に加え，乗務員のサービス教育にはますます力が注がれることと
なる。当時の客室乗務員は一流ホテルでの実習によって，サービスマナーを習
得していた。なにより，「言われてからそれに応える」のではなく，「言われる
前に，できればお客様ご自身が何かの欲求を自覚する前に，先回りする」こと
が徹底して教育された。


## （3）大量輸送時代の到来

　1970 年代に入ると，ジャンボジェット機が投入される。座席数は 2〜3 倍
に増加した。新しい大きな 2 階建ての機材の内装は，壁紙に和紙を使い，コン
パートメントごとに色とモチーフを変えて日本的な寛ぎの場を演出した。例え
ば，紫をベースとしたコンパートメントでは，壁面に藤のモチーフを飾り，「藤
の間」などの日本らしい名称で呼んだ。客室乗務員はそのコンパートメントの
カラーにマッチした着物を着用してサービスにあたった。また，ファーストク
ラスでは，機内に鮨バーを作り鮨職人に同乗してもらい，注文に応じて旅客の
目の前で鮨を握ってもらうなど，本格的な日本食のサービスが行われ大変好評
であった。

　その後，社会や市場の変化により航空旅行が一般化し，多様な旅客が航空機
を利用するようになると，機内サービスには効率性と暖かみのある接遇の両立

がそれまで以上に求められるようになった。また、旅客ニーズも多様化したことから、それまでのサービスを新しい旅客ニーズに合わせて考え直す必要性が生じている。

　例えば、それまでのお食事サービスでは、できるだけ言葉がけを多くするなどしてお食事の時間もエンターテインしながら心配りすることが大切とされてきたが、多くのお客様が個人用画面でオンデマンドの映画を楽しみながら食事をするようになると、サービス時の乗務員の会話がかえって邪魔になる場合も出てきた。お客様のご様子により声でのやりとりを控えつつ、事務的作業としてアイテムを提供するだけにならないように、表情やアイコンタクト、仕草などでホスピタリティを表現することも重要となっていった。

　このように、時代と共に少しずつ変化する旅客ニーズに柔軟に対応しつつ、日本の航空会社は、客室のしつらえ、乗務員の制服、サービスの提供方法などで工夫を凝らし、日本らしいおもてなしを演出してきた。どの時代もどのクラスでも、お客様が機内に一歩足を踏み入れた瞬間から飛行機をお降りになるまで、非日常でありながらリラックスできる特別な空間と時間を満喫していただけるように、「和」の演出と「気配り」、「察し」の接遇に力が注がれるのである。クラスによって機内食やサービスアイテム、座席などの違いや制約はあるが、機内でお客様にくつろいでいただきたいという思いは同じである。原則としてエコノミークラスの方にはファーストクラスの機内食は提供できないが、「空酔い」で気分が悪くなった場合などは、クラスに関係なく、その方のためにできる限りのことをして介抱する姿勢に、ホスピタリティ精神が表れているといえる。

## 2．航空運送事業の概要と特性

### （1）航空運送事業の性質
### ①　派生的需要の多さ
　航空会社の事業は「航空運送事業」であり、航空法で「他人の需要に応じ、

航空機を使用して有償で旅客又は貨物を運送する事業」と定義されている。つまりビジネスとして，旅客と貨物を A 地点から B 地点へ運送するのである。多くの場合，旅客は旅の本来の目的（最終需要：目的地での観光や用務など）を果たすための移動手段として航空機を利用する。つまり派生的需要である。もちろん，航空機に搭乗することそのものを楽しむという，いわゆる本源的需要で利用する旅客も存在するし，2 つの需要が共存していることも少なくない。搭乗することでマイレージを獲得することを主目的とする旅客や，ある特定の機材・機種に搭乗することを目的とする旅客も存在する。それでもなお，全体としては派生的需要が多いのである。

② 運送そのもののサービスは同質的

　世界的な市場で航空機提供企業が限られている現状から，飛行性能などの航空機というハード面による差別化は限定的とならざるをえない。また，路線や運航スケジュールなどは規制や需要との関係で他社と競合することが多い。つまり運送自体は同質的である。

③ 空中を高速で移動することによる有益性

　他の移動手段の中から旅客が航空機による移動を選択する理由を考えると，時間的な価値の創出，地理学的制約の克服，陸・海・空の棲み分けという要素が挙げられる。つまり，移動にかかる時間を短縮でき，国内の離島や海外などへの移動が比較的容易になり，空の移動ならでは，という特別なこと（例えば上空から見る富士山の景観など）を楽しむこともできる。

## （2）機能や構造から派生する特徴

① 旅客にとって機内での制約が多い

　離着陸時には着席しシートベルトを着用する義務があるなど，航空機利用時特有の制約が多い。また，機内の環境と旅客の心理を考えると，座席という限られたスペースで長時間拘束されること，多くの他者と閉ざされた空間を共有

しなくてはならないこと，時には時差や飛行スケジュールの関係でサーカディアンリズム（体内時計の一種）の調整がうまくいかないこともあるなど，ストレスにつながる要素が比較的多いという特徴がある。

② 多機能なサービスを提供

　航空会社が機内で提供するサービスは，「宿泊機能（国際線の場合）」，「料飲サービス機能」，「エンターテインメント機能」，「ビジネス活動機能」，「販売機能」などである（（3）-③も参照）。

③ 顧客の識別が可能

　パスポート情報が必須である国際線では，ICT やマイレージシステムが発達する以前から他産業に先駆けて顧客情報の入手が可能であった。ファーストおよびビジネスクラスの旅客や高頻度利用客，特別な配慮を必要とするお客様などについては，お名前だけでなくフライトの履歴やサービス上の特記事項なども，予約部門から発地と着地の地上係員，客室乗務員とも共有でき，その旅客の一連の旅をある程度把握してきた。これによりお名前をお呼びすることが可能な場面も多く，「その他大勢」ではなく「その方」として接客することでお客様との距離を縮めてきた。また，ICT のさらなる発達と共に，往路でお食事のご希望に添えなかった場合は復路でサービスリカバーするなど，またお誕生日であれば機内でメッセージカードをお渡ししてお祝いするなどのさまざまなホスピタリティ発揮の可能性を広げている。

④ 1人の旅客に国内外の多くの部門・関連会社が関わる

　航空会社の仕事はたくさんの部門によって構成され，それぞれの役割を果たしながら，企業としてホスピタリティを発揮している。航空会社に特徴的な部門としては，パイロットが所属する運航部門，運航管理部門，整備部門，予約部門，営業部門，グランドスタッフが所属する空港部門，客室乗務員が所属する客室部門などがある。また，機内食の企画・調理・運搬などを担当するケー

タリング会社や，マイレージと密接に関わるカード会社などの関連会社も重要
である。これらの部門は，旅客の一連の旅のすべてを充実させるべく連携して
いる。本章においては各項目にて客室乗務員の事例を取り上げることが多いの
で，ここではそれ以外の社内のサービスとホスピタリティ発揮に関わる部門の
うち，主だった3つの職種を簡単に紹介する。

■グランドスタッフ

　航空会社のサービスとホスピタリティを考える上で，客室部門と並び欠かせ
ない部署が空港部門である。空港部門のうち，特にグランドスタッフについて
紹介する。グランドスタッフの主な仕事は，空港における旅客の搭乗手続き，
出発便の手荷物の預かりおよび到着便での手荷物返却の管理，ラウンジ業務，
搭乗ゲートでの案内業務など多岐にわたる。また，チェックインの準備を含む
デスク業務もあれば，空港内を走り回って搭乗予定の旅客を探すこともある。
搭乗のために空港に訪れた旅客との初めての接点となるグランドスタッフの仕
事は，航空会社の印象を左右するという点でも重要である。

　旅客への直接的な人的サービス提供者として客室乗務員との共通点も多い
が，そのホスピタリティの発揮においての違いを考えると，例えば仕事場が
オープンかクローズかという視点がある。客室乗務員の主な職場は機内であ
り，その航空会社だけのクローズドな空間である。客室乗務員と旅客は同じ空
間と時間を共有するため，比較的密度の濃い関わりが可能である。それに対し
空港での仕事は，自社便利用者だけでなく他社便の旅客や，見送りや空港の観
光など搭乗目的ではない人とも接する仕事である。また，一般にいくつかの航
空会社のカウンターが並び容易に他社と比較されうる一方で，一人ひとりと接
する時間は比較的短い。そのような中で求められることは，自社の旅客かどう
かにかかわらず広くホスピタリティを発揮できること，一瞬の接点を逃さず相
手に良い印象を持ってもらえるような接遇ができることである。

■運航乗務員

　運航本部は，パイロットや機長が属し，安全運航に欠かせない部門である。

いうまでもなく国家資格が必要である。サービスを提供する前提にあるのが，安全運航である。また，フライトが少しでも快適となるよう，飛行ルートを検討したりサービスのタイミングを指示したりする。搭乗機の責任者として，機長の機内アナウンスは単に情報を伝えるだけでなく，会社を代表して挨拶し旅客に安心を提供する意味も持つ。

■予約部門スタッフ

　予約部門には，電話やネットなどを中心に，空席情報やマイレージに関する旅客からの問い合わせに応じるスタッフが属する。安全や観光に関する現地情報への問い合わせも多い上，予約スタッフの第一印象が航空会社の第一印象を決めるともいえるため，正確な知識に加え，言葉遣いや話し方，文章表現の方法などに感じのよさが求められる。もちろん気配りや察しも重んじられる仕事である。


## （3）航空運送事業に求められる要素

### ① 安全性

　安全運航はすべてのベースとなるものである。これまでの航空運送事業の発展の歴史の中では，多くの犠牲をともなった航空機事故の事例も少なくない。機器的原因，人的要因，気象条件などの自然的原因にも左右される航空運送事業は，他産業に比較してとりわけ安全性の担保が重要である。これまで技術の発達や安全教育などの充実により，航空の安全性は飛躍的に向上してきている。しかしながら，重い鉄の塊が人を乗せて空中を移動するという時点で，潜在的な不安を持つ人が多いのも実情である。したがって，航空会社は自社の安全性を維持・向上させることはもとより，その取り組みをしっかりとわかりやすい形で旅客に提示することに加えて，快適なサービスや心温まる人的交流を提供することで，旅客の潜在的な不安を取り除く，または少しでも和らげることも求められるのである。

② 定時性

　公共交通機関として，公示されている時刻表どおりに運航することは重要である。少しの遅れが旅客のその後の旅程の大幅な変更に発展してしまうこともありうるからである。しかし，機材整備の難しさ，気象条件，空港発着機の混雑などの特有の要素がある航空運送事業においては，この定時性を確保することは他の交通機関に比較して容易ではない。各部門が連携し，定時性担保のための高い意識を共有することが必要である。


③ 快適性

　航空会社はハード（座席シートの仕様など），ソフト（機内食やアルコールを含む飲料などのメニュー構成や提供方法の工夫など），ヒューマン（客室乗務員の人的対応）のさまざまな面で連携した多機能なサービスを提供することで，制約の多い機内において快適性を向上させている。

　宿泊機能としては，時差のある長時間のフライトでも快適な睡眠や休息が取れるよう，路線やクラスによってさまざまなシートが開発され導入されている。リクライニングの度合いや前後のゆとり，座面の素材などが工夫され，上位クラスではベッドとして使用できるものや，個室に近いレイアウトのものもある。

　飲食機能としては，飲み物や機内食のサービスがあり，ながらくフライトのハイライトとして位置づけられてきた。機内での準備や提供にはさまざまな制約のある中で，自国の文化的特徴をメニューに取り入れたり，有名レストランとコラボレーションしたり，各社それぞれに工夫を凝らしている。また，事前に予約することで，アレルギーや健康上の理由，宗教的理由などで食事に制限がある旅客にも，小さなお子様や赤ちゃんにも，機内食を楽しんでいただけるよう特別食を準備している航空会社が大半である。

　エンターテインメント機能については，映画や音楽などを充実させ，機内での時間を快適に過ごせるような工夫も技術の発達とともに進化してきた。当初は，コンパートメントごとに前方に設置されている大画面に上映される映画を

視つつ手元のイヤホンで音声を聴くスタイルであったが，個人用画面の導入，オンデマンド機能搭載，個人用ゲームの導入，視聴可能なコンテンツの充実と，あたかも自室にいるかのような寛ぎとエンターテインメントの空間の提供が追求されている。

　機内でのビジネスニーズの高まりに応じて，電子機器に関する環境も整えられてきた。PC の種類ごとに貸し出し用のバッテリーが搭載された時代を経て，現在では機材によっては飛行中も Wifi が使用でき，各座席に電源が設置されたことにより一般的な電子機器の充電も可能となっている。

　国際線では免税品の販売，国内線でも特選品の販売などを通じて，機内ならでは，のお買い物の楽しみも提供してきた。これは航空会社にとって大切な収益源の１つでもある。

④　利便性・高速性・経済性・総合性など
　利便性とは，予約の手軽さや便の選びやすさ，希望する行先や時間帯に便が設定されているかなどである。高速性とは，航空機自体の高速性に加え，空港へのアクセスや乗り継ぎ時間，他の交通機関との接続の良さなどの視点である。経済性は，運賃などが適正かどうか，総合性は，予約から空港での手続き，到着後の付随サービスまでの総合体制での判断となる。

## 3．旅客ニーズに応じたサービスとホスピタリティ

### （1）路線特性と利用目的に鑑みたサービスとホスピタリティ
　旅客が航空機を利用する本来の目的を考えると，路線別，客層別，シーズン別などのさまざまな視点で，機内サービスやおもてなしの方法を変えるべきであることがわかる。

　例えば，ビジネス路線では，乗り慣れたお客様も多く，また機内食を楽しむというよりは機内で休息したり，仕事をしたりすることに時間をあてたいと思う方が多い。そこでミールサービスはできるだけ手際良くスマートに進めるな

どの配慮が求められる。一方で，リゾートに向かう路線では，飛行機に乗った瞬間からリゾート気分が高まるように，機材の塗装や機内食，客室乗務員の制服を特別仕様にしたり，機内でビンゴゲームを実施しリゾートで使えるような景品を出したりして工夫する。しかし，リゾート路線でもビジネス旅客が搭乗することもあり，その場合は，個別にサービスを工夫する必要がある。日本に帰着する復路便では，旅行客か外国での仕事を終えた旅客かを見極めて，それぞれ旅の最後における寛ぎの時間の提供を目指す。楽しい旅行の最後の締めくくりとなるよう，または帰宅前に仕事の疲れを癒し気持ちを切り替える「第三の場」となるよう工夫が凝らされる。路線特性を考えつつ，一律のサービス基準では対応できないため，現場の対応力が必要となる。

### （2）お手伝いを必要とするお客様へのサービスとホスピタリティ

　身体の不自由な方，高齢の方，お子様，妊婦の方などのお手伝いを必要とされるお客様には，搭乗クラスに関係なく，さりげなく手厚いサービスが行き届くように工夫されている。

　例えば，車椅子をご利用のお客様には，客室乗務員は搭乗後すぐに挨拶に行き，お手伝いできることがあれば遠慮なく伝えてほしいことや，1人でお手洗いに行くことが難しいお客様には，要望の際にはいつでもお声がけいただきたいことなどを伝える。すべての機材に，狭い機内の通路でも使用可能な機内用車椅子（On-Board-Wheelchair）が搭載されている。またフライト中は，お困りのことがないかどうか目を配り，機会を見つけてお声がけする。

　国内線では，お子様の一人旅をサポートするシステムもある。例えば，発地の搭乗ゲートまで両親が付き添い，そこから地上係員が機内まで案内し，客室乗務員に引き継がれる。機内では，客室乗務員が機内搭載のおもちゃを渡すなどして不安が軽くなるよう，また，飽きないようにそのお子様に合った声がけを頻繁にする。到着すると客室乗務員から着地の地上係員にバトンタッチし，係員は空港の手荷物受け取りエリアの外まで迎えに来ている祖父母にお子様が会えるまでサポートする，という具合である。お子様本人と発地と着地のご家

族すべてに安心していただくためには，職種を超えた連携が大切となってくる。

## （3）「カスタマージャーニー」で「個客」のニーズをとらえる

　お客様が航空会社のサービスを体感する場としては，以前は機内が中心であった。しかしながら，1990年代からのICTの発展と共に機内以外でのお客様との接点が増えると，機内サービスの充足だけではお客様に満足いただくことは難しいことがわかってきた。空の旅の全行程を通して，お客様のニーズをより掘り下げようということである。また，お客様をひとまとめとしてとらえるのではなく，「個客」と考えて一人ひとり異なるニーズを探ろうというものである。マーケティング手法の1つであるこの考え方は「カスタマージャーニー」と呼ばれ，他産業でも多く用いられているものであるが，顧客が社内のいろいろな部門の社員と次々に関わりながらA地点からB地点へ移動し，本来の目的を果たしてまたA地点に戻るという，まさに「旅」に関わる航空業界には大変有益な手法であり，これを通してさまざまなサービスとホスピタリティが生まれてきた。図表10－1および図表10－2は，ANAとJALのマーケティング部門担当者によるカスタマージャーニーのイメージ図である。

　実際には復路便も想定しているが，これにより例えば国内線では，事前準備によりチェックインせずに保安検査場に直接行けるサービスが開発され，外地空港でのラウンジの充実なども進んだ。また，車椅子をご利用になるお客様のジャーニーを考えることで，X線によるセキュリティチェック時に金属製の車椅子が反応してしまうことが不便であるという状況に気づき，乗ったまま金属探知機を通過できる竹製や樹脂製の車椅子を空港内用に開発した。

　カスタマージャーニーの考えから，乗り継ぎの際に手荷物を預け直す手間や，マイレージの連携がうまくいかないことによる不満を見出し，アライアンスをはじめとする他社との提携を深めることにつながっている。

図表 10 － 1 ┃ ANA カスタマージャーニー・コンセプト

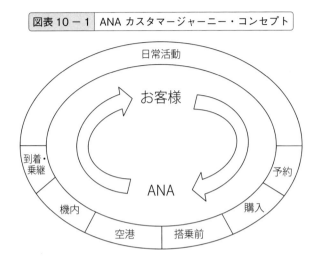

図表 10 － 2 ┃ JAL カスタマージャーニー・コンセプト

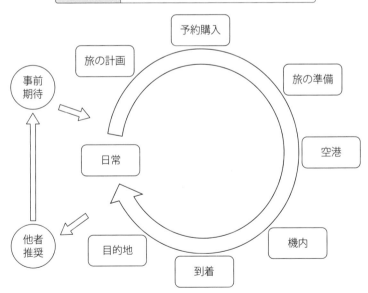

出典：図表 10 － 1，2 ともに加藤（2016）をもとに著者作成。

# 4. 日本の航空業界の現状と課題

## （1）マイレージサービスと提携の発達と複雑化

　航空業界の特色として，マイレージサービスが発達していることと企業間の提携が進んでいることが挙げられる。これらは，自社の機内だけでなく乗り継ぎ先まで含めて，顧客に一連の旅をできるだけ快適に過ごしていただくための施策であり，顧客の囲い込みが最終目的である。一方で，どちらも業界の動向によって複雑化し流動的な傾向があり，旅客へのよりわかりやすい案内が課題である。

### ① マイレージ

　会員の飛行距離（マイル）に応じたポイント加算システムである。積算されたマイル数に応じて，無料航空券や座席アップグレード券，その他の特典と交換できる。日本ではマイレージという呼び名が一般的であるが，世界的にはFFP（Frequent Flyer Program）が一般に用いられる。航空機利用以外の利用でもマイル換算される仕組みを採用している航空会社も多く，また提携航空会社間でマイル換算ができることから，多角的に利用されている。各航空会社はそれぞれ，マイル数や搭乗回数に応じて旅客にタイトルを付与し，上級のラウンジの使用や機内への優先搭乗，手荷物宅配サービスの無料化など，手厚いサービスとホスピタリティを提供している。

### ② アライアンス

　提携モデルは提携の深度に応じて，インターライン（他社の乗り継ぎ便も自社で発券），コードシェア（提携航空会社と共同で座席を販売，1つの便に複数の航空会社の便名が付与される），アライアンス，ジョイントベンチャー（共同事業；航空会社としての営業活動の大部分を提携航空会社と一体的に行う），経営統合の5段階に分けられるが，ここでは特にサービスとホスピタリティに直接関わる事項と

して，アライアンスについて言及する。

　アライアンスとは，多数の航空会社の連合体のことである。現状では世界3大アライアンスとして，ワンワールド，スターアライアンス，スカイチームが存在する。同一アライアンス内では，複数の路線を通して最終目的地まで一気にチェックインできる Through Check-in（スルーチェックイン）が可能である。貨物室に預ける荷物も最終目的地まで自動で届けられ，経由地で預け直す必要がないので大変便利である。また，アライアンス内では各航空会社のマイレージの相互積算が可能となるため，パートナーである他航空会社を使用した際のマイルを無駄にしないで済む。さらにパートナーである他航空会社の空港ラウンジなどの施設の利用が可能になる。

## （2）LCC の発展による航空のホスピタリティに対する概念の変化

　アメリカで勃興し発展してきた LCC（Low Cost Carrier：格安航空会社）であるが，日本では 2000 年に航空法が改正され運賃設定や路線参入が自由化されたことが契機となり，2012 年は LCC 元年と呼ばれるほど多くの LCC が新規参入を果たした。LCC の発展の背景はさまざま考えられるが，その1つがこれまで航空業界に手厚いサービスを期待してきた層以外の新たなニーズが掘り起こされたことである。すなわち，航空機利用を単なる移動手段としてとらえ，サービスの単純化，簡素化による低運賃志向を希求する層である。余計なサービスを省いてコストカットする LCC のビジネスモデルは，フリル（飾り）をなくしたということから No-Frills Service などとも呼ばれる。LCC の出現により，FSC（Full Service Carrier：既存のビジネスモデルの航空会社）も LCC との差別化を視野に入れた上で，あらためてそのサービスとホスピタリティのあり方の検討を余儀なくされている。

## （3）コロナ禍による航空のホスピタリティに対する概念の変化

　航空のサービスとホスピタリティに対する顧客の期待は，LCC の出現・台頭により徐々に変遷してきたが，さらにコロナ禍により価値観そのものが急激

| 図表 10 − 3 | 世界標準の FSC と LCC の違い | |

| | FSC | LCC |
|---|---|---|
| 機内サービス | 機内食，ソフトドリンク，アルコールは無料 | 機内食　ソフトドリンク，アルコールは有料 |
| 機内エンターテインメント | 映画・音楽・ニュース・ゲームなど，オンデマンド | なし |
| 客室クラス | 複数のクラス（ファースト，ビジネス，エコノミーなど） | 原則，エコノミーのみ |
| シートピッチ | 広め クラスごとに異なる | 狭め 客室内に可能な限り座席を設置 |
| 航空連合 | アライアンス加盟 | アライアンス非加盟 |
| 空港ターミナル | 拠点空港 一般ターミナル | 第二空港 LCC 専用ターミナル |
| マイレージ | 他社との提携マイレージ | 原則なし あるいは自社単体のマイレージ |

出典：井上（2012, p.72）を元に著者作成。

に大きく変化した。すべてのサービスは感染対策の観点で見直され，人的サービス（による接触）を極力減らすことが安全性の一環として強く求められるようになった。ICT の発達により，この新しいニーズへの対応に成功する航空会社も出てきており，中にはアフターコロナにおいても，混雑緩和や利便性アップなどの効果で旅客へのサービス向上への寄与が期待されるものもある。航空会社は，これまで収益性の観点からできるだけ満席にして飛行機を飛ばすことと，機内の快適性向上の両立に工夫を凝らしてきたが，今後はこれに加えて，感染症に対する安心感を提供することも重要となる。航空会社は新たな旅客の期待を察知し，それに応えるべく新たなサービスとホスピタリティのあり方を模索しているところといえる。

　このように，市場のニーズが急激に変化する現代において，航空のサービスとホスピタリティは大きく変化している。今後の動向に注目したいところである。

主要参考文献

Hudson, K.（1971）*Air travel: a social history*, Rowman and Littlefield.

伊藤良平編（1977），『航空輸送概論』日本航空協会.

稲本恵子 編著（2017），『エアライン・ビジネス入門』晃洋書房.

井上雅之（2012），『よくわかる航空業界』日本実業出版社.

井上泰日子（2013），『最新　航空事業論　エアライン・ビジネスの未来像』日本評論社.

加藤希尊（2016），『The Customer Journey』宣伝会議.

川口　満（1983），『エアライン入門』日本航空協会.

杉田由紀子（2008），「観光の進展と求められるホスピタリティー 航空事業を事例として」『観光学への扉』学芸出版社.

山口一美（2015），『感動経験を創る　ホスピタリティ・マネジメント』創成社.

山口一美（2019），『エアラインビジネスの魅力』創成社.

ANA 総合研究所（2017），『航空産業入門』東洋経済新報社.

（安宅真由美）

# 第 *11* 章

# 小売業におけるサービスとホスピタリティ

## 1. はじめに

　小売業という身近なビジネスにも，さまざまな人と人との関係性が存在する。顧客は，必要とする商品やサービスを，必要な時と場所で，必要な量を，そして自身の可処分所得に応じて購買する。これらの要素を企業の側から見ると，マーチャンダイジングの5つの適正（適正な商品またはサービスを，適正な場所で，適正な時期に，適正な数量を，適正な価格でマーケティングを行う）にあたる。これら5つの要素が最適に組み合わされた小売店での販売は，顧客の購買満足度につながっていく。この購買体験は，次回の購買への動機となり，満足度が充足される限り，継続的な購買が続くこととなる。

　顧客の購買プロセスでは，顧客と企業間でさまざまなやりとりが行われる。例えば，まだ商品に対してニーズを感じていない段階で商品の口コミや広告に接したり，ニーズが発生した顧客が情報収集を行いその中から必要な内容をスクリーニングしたり，店頭での店員との対話やインターネット上の検索，さらには購買時点での店員とのやりとり，購買後の商品に関する問い合わせ，そして，継続的な企業からのサポートや広告も含めた情報提供などである。これらの個々の段階が，企業と顧客を結びつける多様な情報の接点（コンタクト・ポイ

図表 11 - 1 ｜ 顧客のコンタクト・ポイントとホスピタリティの関係

対面販売

| ホスピタリティ；店員による納得のいく説明や推奨 | 満足 | 顧客（使用）経験を通じたさらなる満足 | ロイヤルティが形成され，リピート | 口コミによる推奨 |

ホスピタリティ

シングル・チャネル　マルチ・チャネル　クロス・チャネル　オムニ・チャネル

    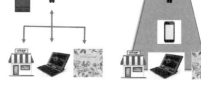

| ・顧客は CP 1 カ所で購入<br>・小売業者の CP も1 カ所 | ・顧客は独立に運営されている実店舗，ネット販売，カタログ販売の複数のチャネルを利用できる<br>・小売業者はチャネルごとに使用する技術と機能を使い分けている | ・顧客はネットやカタログで注文した商品を実店舗で受け取ることができる<br>・複数のチャネルを有する小売業者は，顧客からは一つの会社としてみられているが，組織内には機能別に壁がある | ・顧客はブランド体験を重視しているのであって，同一企業のチャネルを使うとは限らない<br>・小売業者は複数のチャネルを連携させて，顧客や商品を一元管理する |

図下部の出典：National Retail Federation（2011）
図全体の出典：著者作成。

ント，CP）となっており多様である。

　したがって，小売業においても，接客の場面に限らず，すべての CP におい
て，関係性をマネジメントする取り組みが求められる。

　本章では，小売店頭を出発点に，現代の顧客との多様な CP を探りながら，
小売業におけるホスピタリティについて考えることにする。

## 2．小売業におけるホスピタリティ

　ホスピタリティを関係性のマネジメントととらえる立場をとり，戦略的に顧客と企業との間の絆を形成することがホスピタリティの役割だとすると，①選択性，②競争優位性，③投資性がともなってはじめて，ロイヤルティの高い顧客づくりにつながると考えられる（嶋口（1997）より）。以下でそれぞれの要素について，顧客満足との関係を見ておくことにする。

　①選択性：企業の経営資源には限りがあるため，顧客満足を高める方法としては，選択肢の中の1つないし2つくらいしか採用できない。選び方としては，その事業が最も得意とする手法を駆使して顧客満足を追求できる戦略案を選択することである。この時に企業は，本質サービス（基本品質，安全性，正確な情報提供など顧客が当然のものとして期待するサービス）と表層サービス（あればあるに越したことはないサービスでデザインの良さ，親身なサービス対応など）がある。顧客満足を維持するためには，本質サービスの充足は当然であり，むしろ表層サービスの部分で他社との差別化が可能となる（嶋口（1997）より）。

　②競争優位性：顧客にとっての満足度の追求が，やがては，他社との競争が自社の戦略に関係なくなることを意味している。そのための手法としては，ベンチマーキングが挙げられる。例えば，ゼロックス社では，自社内ベンチマーキング（自社で最も高い顧客満足を達成している部門を基準目標に設定し，全社的にその水準を達成目標とする），競争ベンチマーキング（同一業界内で最も高い顧客満足を達成している企業を基準目標に設定し，その水準を達成目標とする），機能的ベンチマーキング（業界を超えて優れた取り組みを達成目標とする）に取り組んでいる（嶋口（1997）より）。

　③投資性：投資はコストとは異なり，短期的には黒字化しないが，顧客満足を達成していくために必要な取り組みを行い，将来の購買とそれによる顧客満足を充足させていくために必要な視点である（嶋口（1997）より）。例えば，Amazon.com 社は，1994 年の創業から 7 年目の 2001 年にようやく四半期ベー

スで黒字化を果たした（日経ビジネス（2002）より）。その後も設備投資を続けた
ために，現在のような大規模収益構造の企業となるには，さらに 15 年以上を
要している（日経ビジネス（2017）より）。

　こうした顧客満足の視点をベースにホスピタリティを考えると，狭義のホス
ピタリティは，顧客との CP において共有されるホスピタリティを通じて，顧
客の満足度が向上し，ロイヤルティが形成され，関係性が構築される。この流
れ全体（図表 11 - 1）をホスピタリティととらえるのが広義の解釈である。す
なわち，対面販売の部分を支えているのが，いわば狭義のホスピタリティであ
り，ロイヤルティの高い顧客の形成のプロセス全体が広義のホスピタリティと
いえよう。さらに，図の下部で示しているオムニ・チャネルへのチャネルの進
化が，小売業におけるホスピタリティ全体を支えている。

## 3．多様化する小売チャネル；消費者との関係性の構築

　ここでは，実際の企業の取り組みから考えていくことにしよう。
　消費者に商品を提供する販路である小売チャネルは，近年ますます多様化の
度合いを増している。かつて総合的な商品の品揃えと高級な商品や接客で小売
業界をリードしてきた百貨店は，停滞が続いている。GMS という百貨店の品
揃えをよりシンプルにした業態においても，淘汰される状況に変わりはない。
その一方で，消費者のニーズを徹底的に掘り下げて追求することで，他社には
模倣のできない取り組みで成長を続ける小売業者も存在する。ここでは，具体
的な企業のホスピタリティに対する取り組みを検討しておくことにしよう。

### （1）スマイルサークル株式会社（グランドフードホール）の取り組み
　小売業者が消費者を満足させるホスピタリティには，接客やアフターサービ
スも重要ではあるが，大前提として取扱商品の信頼性が問われることになる。
　スマイルサークルは，2008 年に創業の食品取り扱い企業で，全国津々浦々
の職人が作る農作物，加工食品・菓子・惣菜などを企画・開発し，百貨店や

スーパーマーケットや食品加工メーカーに販売することに加えて，自社の直営店舗も出店させている。

　同社では，「自然な製法」が，買い付ける商品の大原則になっている。同じアイテムは，1つの商品のみに取り扱いを限定する。全国の逸品の中から，これはと思える一品を選び抜き，生産者の思いを確かめた上で商品化する。同社のコンセプトは，「体を健康にする食のバイヤー代行業務」。店頭に陳列する条件は，「空になるまで食べ続けても飽きのこないおいしさ」で，試食した商品の中で店に並ぶ確率はわずか100分の1という低さである。「手間暇をかけて，いい原材料で一生懸命作っている人たちの商品を，知っていただくのが私の役目だと思っています」と同社の岩城社長は語る。

　手間暇をかけて生産者を大切にすることに加え，商品に付加価値をつけてロング・セラー・ブランドに仕上げていく。そして，大手の小売業者が「量」を求め，積極的に取り扱いをしないとみるや，自社の販路を立ち上げる。これが，芦屋や六本木の「グランドフードホール」という直営店である（カンブリア宮殿（2020）より）。

　同社のホスピタリティは，「実際に販売してお客様の手元に届くまでサポートするのが仕事」を基本に，消費者も含め，関係するすべての企業や人をつないで関係づくりをするところにある。

| 図表 11 − 2 | 六本木ヒルズ内の店舗 |

以下，本章内の写真は著者撮影。

## （2）Nordstrom 社の取り組み

　Nordstrom 社は1901年に米国・シアトル市に靴屋を設立した百貨店で，米国内に358店舗（百貨店100店舗，Nordstrom Rack（アウトレット）249店舗，オフプライスストア2店舗，ローカル店舗7店舗）を有し，売上高は，2020年に103億ドル，従業員数は62,000人である（同社HPより）。

　同社の特徴は，顧客のクレームに即座に対応し，レシートがあれば10年前の商品でも返品に応じるなど，既存の顧客の満足度向上に力を入れている。図表11−3の回答時間や返金までの日数からも，同社の顧客対応が飛び抜けて優れていることがわかる。アメリカ・ダイレクトマーケティング協会が，オンライン小売の主要100社のサイトを2001年11月〜2002年1月にかけて覆面調査したものである。同社は顧客からの質問に対して迅速な対応を行い，41分後に電子メールで回答を送っている（日経MJ（流通新聞）（2002）より）。

　同社の顧客対応のエピソードは，枚挙にいとまがないが，例えば，顧客が気に入った商品のサイズが店頭にも同社の他店舗を探しても在庫がないとなると，店員がライバル百貨店でその商品を購入してでも顧客の期待に応えるのである。同社は損をしていることになるが，この顧客が次回も来店してくれる可能性を高めることにつながるととらえている。

　また，販売員を中心とした逆ピラミッド型で表される組織構成で，顧客とじかに接する機会が多い販売員に自由な裁量権が与えられている。

図表11−3　顧客サービスに優れた主なオンライン小売

| 社名 | 買い物にかかる時間（分） | 配達日数 | 回答に要した時間 | 返金までの日数（日） |
|---|---|---|---|---|
| アマゾン・ドット・コム | 4 | 4 | 6時間46分 | 10 |
| JCペニー | 6 | 5 | 25時間6分 | 15 |
| ノードストローム | 5 | 4 | 41分 | 4 |
| 100社平均 | 5.3 | 3.8 | 21時間8分 | 11.9 |

出典：アメリカ・ダイレクトマーケティング協会まとめ，日経MJ（流通新聞），2002/4/9。

152

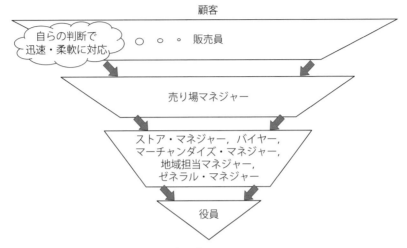

図表 11 − 4 逆ピラミッド型組織構成

顧客

自らの判断で
迅速・柔軟に対応　　○　○　。　販売員

売り場マネジャー

ストア・マネジャー，バイヤー，
マーチャンダイズ・マネジャー，
地域担当マネジャー，
ゼネラル・マネジャー

役員

出典：スペクター，マッカーシー（1996），p.62.

　顧客ノートには顧客名，住所，電話番号，クレジットカードの口座番号，サイズ，前回の購入品，贔屓のブランド，好みの傾向，特別注文，既製品が合いにくいとかセールが好き，といった各顧客の特徴などが書き込まれている。5千名ほどのリストを持っている販売員もいる。このリストをコンピュータに入力して，ダイレクトメールの効果を上げようとは考えていない。リスト一人ひとりの顧客の好みと特徴から，今日入荷した商品は誰に合いそうかを考えてその人にまず電話をする。販売員の朝はこうした電話から始まり，毎朝電話する相手は40人にもなる（ロバート・スペクター，パトリック・D・マッカーシー（1996）より）。

　近年では，コロナの影響から，大都市圏では，ネットで販売した商品の受け取りと返品，洋服のお直し，スタイリストによるスタイリングのアドバイス，ラッピング，靴の修理，ベビーカーの掃除，洋服の寄付受け付け，といったサービスを中心に提供する「ノードストローム・ローカル」と呼ぶ超小型店舗の展開を急速に拡大している。ここでは，顧客の利便性を高め，EC（electronic commerce）との併用を通じてよりきめ細かい顧客ロイヤルティの向上に注力している（日経MJ（流通新聞）（2021）より）。

### （3）オムニ・チャネル化する小売システム

　オムニ・チャネルは，顧客が複数のチャネルをその時々のニーズに応じて使い分けることを可能にしたシステムのことを指している。

　従来は，小売店舗に出かけることが消費であったが，インターネットが普及し進化すると，パソコンやスマートフォンやタブレットでの商品検索や購入ができるようになり，商品の受け取りも，店舗だけでなく必要としている場所の近くのコンビニエンス・ストアや駅，さらには自宅でも可能になった。顧客にとって店舗は商品を実際に見るだけの場，つまりショールームと化している場合もあり，これはショールーミングと呼ばれている（佐々木（2021）より）。

　オムニ・チャネルの環境で成功するためには，小売業者は，価格や買い物体験のデザイン，そして消費者との関係性の構築などといった領域で新しい戦略を採用する必要がある（Brynjolfsson（2013）より）。

　こうした流通チャネルの変化から，小売業者には顧客の購買プロセスの管理がますます求められるようになってきている。この具体例については，後述するアオキインターナショナルの取り組みを参照されたい。

## 4．小売業においてホスピタリティが求められる場面

　小売業の最大のホスピタリティは，顧客の問題を解決するところに存在する。旅先での土産物などは，店舗もさることながら，顧客が贈る人の気持ちを考えるというホスピタリティもある。提供する商品やサービスを通じて，小売業と顧客との間でホスピタリティが形成されると，当該商品やサービスだけでなく，当該小売店のブランド再生につながる。

| 図表 11 － 5 | 小売業においてホスピタリティが形成されるシーン＜業態別＞ |

| 業態 | シーン |
|---|---|
| 百貨店；一般の消費者への販売から B to B へ | 法人顧客が見つけられない贈答用の商品やサービスを丁寧に見つけ出して提供する |
| グローサリー・ストア（食品専門店） | 顧客の健康，安心・安全，新しい価値の提供 |
| 専門店 | one to one のニーズへの対応 |
| 土産物屋 | 地域の個性を伝える，思い出のお裾分け |
| 附属店舗<br><br>・ホテル<br><br>・旅館<br><br>・美術館博物館 | 体験を持ち帰り，再生させたい，家族や友人と共有したいという願いに応える。アートを通じて，作家，地域，文化を自分自身の置かれた環境に変換。ニューヨーク市のメトロポリタン美術館の収益源の 5 割以上を占めるのは物販である |
| 駅併設店舗 | |
| ・JR 東日本は 2027 年の自社販売シェアの 50％を駅売ビジネスにシフト | 鉄道利用からの収入はコロナによる減少からの回復が見込めないため，物販への移行を決定 |
| ・JR 九州は小売ビジネスで収益性改善 | 元々，鉄道収入だけでは，経営の先行きが厳しいことから，国際高速船航路，物販やレストラン，ホテルと積極的に多角的経営へ |
| ・銚子電鉄の収入は，鉄道よりも物販のウェイトが大きい | 同社は，経営が危機的状況を迎えると，地域の特産である醤油を活用した "ぬれせんべい" を開発販売し，その後もさまざまな商品開発を通じて話題づくりに力を入れ，メディアの取材を通じて PR に努め利用者数を拡大させてきた |
| オムニ・チャネル | 顧客が買い物をする場と商品を受け取る場の組み合わせが多様化し，顧客の都合で多様な選択が可能となるチャネルというシステムそのものがホスピタリティ |
| e-commerce（電子取引） | 店舗販売では取り揃えできない幅広いアイテムの取り扱いが可能となり，店舗まで出かけずに商品の選択が可能となり，自宅での受け取りも可能となった。まさに顧客の課題を大きく解決している。近年では，顧客の体型をスマホに取り込むと，アプリで自身のサイズやセンスに適したファッションを自身のアバターで着せ替えでき，より自分の好みに見合った商品の選択ができるなど，店舗に行かずとも，納得のいく選択が可能になった<br>顧客対応のスピードと丁寧さ |

出典：著者作成。

# 5．ロイヤルティの形成による関係性の構築
## ―システムとしてのホスピタリティ

　これまで述べてきたように，顧客が何らかのニーズに気づいてから，特定の商品を購入するまでのプロセスには，顧客と企業との間でさまざまな接点，つまり，CP が発生している。そして，各ポイントにおいてホスピタリティ，中でも顧客の感動体験が求められている。この感動体験の連続が，顧客の経験の旅，すなわち，カスタマー・ジャーニー（CJ）である。この CJ を通じて，より高い満足度が得られると，その経験がロイヤルティを形成し，購買につながり，さらには口コミを発信する源となっていく。

　そこで，本節では，この CJ の考え方を考察した上で，具体的な企業の取り組みについて見ていくことにしよう。

## （1）ホスピタリティが埋め込まれたカスタマー・ジャーニー・マップ

　コトラーによれば，顧客をブランドの忠実な推奨者にするために必要なのは，ブランドからのわずか一瞬の予期せぬ感動だけであるという。これを実現させるためには，カスタマー・ジャーニー・マップを作成し，ジャーニー全体の CP を理解し，精選した重要な CP で介入する。それによって，顧客とのつながりが形成され，推奨してもらえるようになる。ここでは，顧客間の peer to peer（対等な者同士）・カンバセーション（ネット上や直接の会話）が，最も効果的な媒体形式となる（コトラー（2017）より）。

　こうした取り組みが企業と顧客とのつながり（接続）を形成するプロセスを見ると，まず，CJ のマッピングは以下の図表 11 - 6 のように行う。

　さらに，コトラーは，顧客が認知から推奨に進めていく考え方として，O3 という視点を提示している。すなわち，外的影響（outer），他者の影響（others'），自分自身の影響（own）の３つの影響を適切に組み合わせることから「推奨」を生み出すという考え方である（コトラー（2017）より）。

| | 認知（Aware） | 訴求（Appeal） | 調査（Ask） | 行動（Act） | 推奨（Advocate） |
|---|---|---|---|---|---|
| 顧客の行動 | 顧客は過去の経験やマーケティング・コミュニケーション，他者の推奨から，受動的にたくさんのブランドを知らされる | 顧客は自分が聞かされたメッセージを処理（短期記憶に止め，長期記憶を増幅）し，少数のブランドだけに引きつけられる | 顧客は好奇心に駆られて積極的に調査し，友人や家族，メディア，ブランドから直接，追加情報を得ようとする | 追加情報によって感動を強化された顧客は，特定のブランドを購入。購入・使用・サービスのプロセスを通じてより深く交流する | 時とともに，顧客は当該ブランドに対する強いロイヤルティを育む。それは顧客維持，再購入，そして最終的には他者への推奨に表れる |
| 考えられる顧客CP | ・他者からブランドのことを聞かされる<br>・たまたまブランドの広告に触れる<br>・過去の経験を思い出す | ・ブランドに引きつけられる<br>・検討対象にする少数のブランドを選ぶ | ・友人に電話でアドバイスを求める<br>・オンラインで製品レビューを検索する<br>・コールセンターに電話する<br>・価格を比較 | ・店舗かオンラインで購入<br>・その製品を初めて買う<br>・問題について苦情を言う<br>・サービスを受ける | ・そのブランドを使い続ける<br>・そのブランドを再購入する<br>・そのブランドを他者に推奨する |
| 顧客の主な感想 | 知っている | 大好きだ | よいと確信している | 購入するつもりだ | 推奨するつもりだ |

図表11－6　顧客の購買プロセス全体にわたるカスタマー・ジャーニーのマッピング

出典：コトラー（2017）。

　まず，マーケティング・コミュニケーションによってブランドが伝えられると，外的影響が発生する。顧客の経験によって，どのようなイメージが形成されるかが変わってくる。

　次に，他者の影響としては，SNSなどの口コミの影響をも考慮する必要があり，特に，若者，女性，ネティズン（network citizen）は購買の推進力となる。企業はコミュニティ内のカンバセーションを直接コントロールはできないが，忠実な顧客の助けを借りてそれを推進できる（コトラー（2017）より）。これは，顧客も企業もロイヤルティの高い顧客の助けを借りて，つながることを意味している。小売取引では，こうした仲介的な役割がホスピタリティ形成を生み出していくのである。

　自分自身の影響は，自身が特定のブランドに対して過去にどのような経験をしたか，その結果どのような選好を持つに至ったかに影響される。ここで意識したことが，さらに口コミ（他者の影響）や広告（外的影響）によって影響を受

けるという大変複雑な関係性が CJ に存在するのである（コトラー（2017）より）。

　図表 11 - 6 の 5A（Aware, Appeal, Ask, Act, Advocate）全体で顧客が最も影響を受けるのは，調査（Ask）と行動（Act）の段階である。調査段階では，顧客は少数のブランドに対してアドバイスを求め，他者や外部からできるだけたくさん情報を吸収する。行動段階では，ブランドに対する自分自身の知覚を時間の経過とともに形成する（コトラー（2017）より）。

　顧客の経験レベルも，CJ を決定することにつながる。初回購入では，5A の全段階を通り，外的影響に大きく左右され，初回購入者の多くが，広告量シェアが最も大きいブランドを買う（コトラー（2017）より）。

　外的影響，他者の影響，自身の影響の重要度をうまく識別できれば，企業は特に力を入れるべき活動を判断することができる。外的影響が他の 2 つより重要な場合には，マーケティング・コミュニケーションに重点を置く。他者の影響が重要な場合には，コミュニティ・マーケティングを重視する。自身の影響が重要な場合には，購買後の顧客経験を高めることに注力するのである（コトラー（2017）より）。

## （2）（株）AOKI ホールディングスの取り組み（＊）

　「戦略が先，デジタルは後」という考え方で，AOKI は，約 3,400 万人という会員のデータを活用して，顧客の潜在的なニーズに踏み込んだマーケティングを展開している。これにより，CJ を具体的にとらえられるようになった。

　この「戦略が先，デジタルは後」とは，商売の目的は長期的に稼ぎ続けることであり，長期的に稼ぎ続ける戦略を立て，それを実行することが重要であって，デジタルを活用せずに稼ぎ続けられるのであれば，それに越したことはない。長期的に稼ぎ続けるためにデジタルが必要であれば，活用すればよいという発想が元になっている。

　そこで，事業分野を多角化（ファッション，ブライダル，エンターテイメント：会員制シェアリングスペース，カラオケ，フィットネスの各事業）している AOKI は，顧客の統合に着手する。つまり，グループ 3,400 万人の顧客基盤の活用法，こ

れが，戦略が先と言われるゆえんであり，主に以下の取り組みを実行に移していった。

① マスマーケティングからデータドリブン・マーケティング（顧客との各接点での反応をデータで把握し意思決定に活用）への移行による施策の精度向上および販促費の効率化

　これにより，グループ各社の顧客データをすべて1カ所に統合した個々の顧客のデータを単一IDで管理し分析することで，個々の顧客が欲しい情報を，欲しいタイミングとチャネルで受け取れる世界を実現する。これにより，マス広告9割を，デジタル広告9割に変え，全体の販促費を半分以下に抑えることができた。

② グループ各社間の相互送客による会員のLTV（life time value；生涯価値）の向上

　顧客のライフステージに寄り添い，『AOKIグループがあってよかった』と，グループとして末永くご愛顧いただけることを目指し，顧客体験を提供していく＝グループ各社間の相互送客を行い，会員のLTVを向上する。これにより，顧客基盤を活用した新規事業を立ち上げることで，収益拡大を図る。こうした取り組みは，ファッション事業だけでなく，ブライダル事業でも見学後の顧客対応を自動化させることで，成約率向上，キャンセル率低下へとつながっている。

　これらの事例が示すように，より便利な機能の進化によりホスピタリティを充実させる小売業も増え，さらに，最近では楽しさも追求する小売業が注目されている。

## 6．買い物を楽しむというアプローチ

　アマゾンといえばオンライン・ショッピングの先駆けだが，オンラインで体

験できない感動をオフラインで充足させるために，有店舗販売の Amazon Go や Amazon Books を開発・出店させ，顧客との接点を多様化させている。

　これに対して，ウォルマートや Macy's は，オフラインで得られない品揃えの幅と奥行きをオムニ・チャネルによって提供し，すべての CP でホスピタリティを発揮している。

　次に，日常から非日常を追求し，エンターテインメント性を重視するグローサリー・ストアのステューレナード（Stew Leonard）の取り組みについて見てみよう。同社は，米国コネチカット州に 1969 年に 1 号店（本店）を開業した生鮮食品中心の食料品店である。徹底したユニークな顧客サービスを行っていることで評判がよいため，消費者だけでなく，国内外から視察団がひっきりな

図表 11－7 ｜ ステューレナード概観

図表 11－8 ｜ 店内の様子

しに訪れる小売業者である（写真はニューヨークの店舗視察時に著者撮影）。

　店内ではミルク製造工場がガラス窓越しに見学できるスペースや，天井部分には音楽を演奏し陽気に歌い踊る人形が設置されるなど，賑やかで活気のある

図表 11 － 9 ｜ 店内の様子

図表 11 － 10 ｜ 店内の様子

図表 11 － 11 ｜ 店内の様子

店作りが人気を呼んでいる。至るところに販促用の試食・試飲の場を設けるな
ど，来店客と子供が飽きない工夫も随所に施されている。洋の東西を問わず，
家族連れの買い物中の難題は子供同伴であり，親は落ち着いて商品を品定めす
るゆとりを与えてもらえない。しかし写真からもわかるように，店内には子供
が見つけては喜んでくれる仕掛けがそこここにセッティングされている。近郷
近在から集荷されたフレッシュでオーガニック中心の品揃えも顧客の支持を集
めている。いわば，リアルに店内で CJ が行われていると言ってよいのではな
いだろうか。

## 7．むすびにかえて

　本章で見てきたように，小売業におけるホスピタリティは，顧客との接点で
形成されるものから，顧客には直接見えないトータルな流通システムに支えら
れてホスピタリティの形成を促すものまで多岐にわたっている。そして，小売
業での買い物は，顧客の目の前のニーズを充足させるという次元から，楽しい
買い物を通じた幸せやワクワクの充実まで顧客と直接間接に接する部分での
「満足度」が，次の買い物行動につながることを強調しておきたい。

（＊）は，筆者が株式会社 AOKI ホールディングス　デジタル・CRM 推進室長の吉田亮
氏にインタビューした際のコメントをまとめたものである。

主要参考文献
石川和男・石原慎次・佐々木茂（2021），『入門マーケティングの核心』同友館.
嶋口充輝（1997），『柔らかいマーケティングの論理』ダイヤモンド社.
P. コトラー（2017），『マーケティング 4.0』朝日新聞出版.
R. スペクター，P. D. マッカーシー（1996），『ノードストローム・ウェイ』日本経済
　新聞社.
Mobile Retailing Blueprint-A Comprehensive Guide for Navigating the Mobile
　Landscape, Version 2.0.0 (2011), *A Joint White Paper*, sponsored by the National
　Retail Federation.

Brynjolfsson, E. etc. (2013), "Competing in the age of Omnichannel Retailing", *MIT SLOAN Management Review*, Sum, 2013.

「オンライン小売り，アマゾンなど高評価，サイト上の顧客対応調査」日経 MJ（流通新聞）2002/4/9.

「米アマゾン・ドットコム　黒字化の秘密」日経ビジネス，2002.3.10.

「アマゾン　ベゾスに見える未来」日経ビジネス，2017.10.2.

「専門店チェーン，通販・小型店シフト―核店舗失うモール，岐路に（米国流通現場を追う）」日経 MJ（流通新聞）2021/3/19.

スマイルサークル；http://www.smile-circle.com/（2021 年 4 月 26 日取得）

テレビ東京・カンブリア宮殿 file No.684,「巣ごもり生活を美味しい食で笑顔に！ 安心 & 絶品だらけのセレクトショップ」，2020.05.21.

ノードストローム；http://shop.nordstrom.com（2021 年 3 月 30 日取得）

アオキインターナショナル；https://aoki-hd.co.jp/enterprise/index.html（2021 年 4 月 26 日取得）

（佐々木茂）

第 **4** 部

# これからのホスピタリティ

<br>

# 第12章

# 地域とホスピタリティ

## 1．はじめに

　地域には，多様なホスピタリティ産業と，それらの産業と関連する企業や団体，個人が存在する。観光には，これらを有機的に結びつけ，連携関係を形成する特性がある。つまり，観光は地域の多様な資源と観光客のニーズをマッチングさせる役割を担っていると考えてよい。もちろん，地域社会の営みは，観光のみで構成されるわけではなく，むしろそこに暮らす住民にとっては生活面の満足度が優先課題である。住民の地域における日常の生活が充足してこそ，観光を通じて外部の人びとをも楽しませることができるのである。

　そこで，本章では，地域に対する満足度を充足させることにつながるホスピタリティについて検討していくことにしよう。

## 2．地域にとってホスピタリティとは何か

　市民生活の充足について，R.フロリダは，クリエイティブ都市論の中で，次のように指摘する（Florida（2009）より）。「場所に対する満足度の議論は，未だに二者択一である。基本的な欲求，つまり，良い学校と安全と最新のインフラが充足されていれば十分であり，遊歩道や美術館などアメニティ（情操面の

快適性）は贅沢品と決めつけているリーダーがいる。」

　この考え方は，フロリダの議論を待つまでもなく，例えば南仏のマルセイユ市における，EU の「文化都市政策」がもたらした成果を見れば，アメニティを肯定して充実させることがいかに市民生活に価値があるか理解できる。マルセイユでは，港湾都市をリノベーションし，生活，文化，ビジネスが融合した都市政策を展開するようになったことで，治安が回復し，人びとが生活しやすい町へと変貌を遂げていき，観光客も増加していったのである。

　しかしながら，実際には，すべての都市もしくは地方において，マルセイユのような大がかりな改造ができるわけではない。むしろ，地域ごとに，その地域特性を活かした取り組みが求められており，その変革を実現していくためには，住民間の協力，地域外の人とのつながり，障がい者や高齢者が安心して地域内を移動できる（accessibility），市民のホスピタリティの質を改善したい，などといった課題を解決する必要がある。

　こうした課題の解決に向けて，地域マーケティングにおいても，インターナル・マーケティングが必要になってくると考えられる。

## 3．地域におけるインターナル・マーケティングの位置づけ

### （1）インターナル・マーケティング

　企業においては，接客担当者のみならず彼らをサポートする企業のスタッフ全員に対して，顧客満足度を高められるだけの教育を徹底させることや，全社を挙げて，「顧客志向」で行動できるようになれるかがインターナル・マーケティングの要点となる。

　一方，地域においては，地域内の関係者に「自分ごと」として，地域の課題解決に取り組む自覚の醸成と目的の共有，相互のモチベーションを高めることが，インターナル・マーケティングとして期待される役割である。

## （2）インタラクティブ・マーケティング

　コトラーによるサービス・マーケティングの構図に見られるように，サービス提供時における購買者（消費者）と販売者（従業員）のやりとりの善し悪しが，購買者のサービス品質に対する知覚を左右する。サービス・マーケティングでは，提供されるサービスの品質が提供者次第であったり，サービス提供時の状況次第で変わってしまったりすることもよく見受けられるシーンである（Kotler, Bowen & Makens（2003）より）。

　したがって，地域において外部の人をもてなす場合には，地域全体で，さまざまなしつらえや人々の心構え，接客の仕方を統一するとともに来訪者の声に耳を傾ける必要がある。

　コトラーは，図表12 − 1のように３つのマーケティングの関係性を示している。通常，企業が顧客に対して行うエクスターナル・マーケティングだけでは，サービス・マーケティングは完結できない。例えば，四万温泉協会によるインターナル・マーケティングの取り組みについてみてみよう。ここでは，後方部門（客室清掃，厨房からの配膳や館内清掃，フロント後方業務等）に対して生産性向上を目指し，宿泊商品の造成に取り組んでいる（観光庁（2011）より）。

　四万温泉協会では，レイト・チェックインやチェックアウト，泊食分離，一

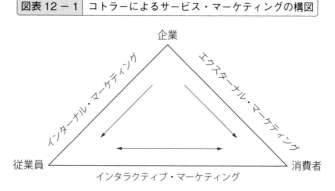

図表 12 − 1　コトラーによるサービス・マーケティングの構図

出典：Kotler, Bowen & Makens（2003）.

人宿泊など多様な宿泊スタイルの提供を，清掃業務等の後方部門の効率化や地元飲食店との連携によるサービス内容の見直しによって達成させている。

　また，客室流通の効率化や高度化の観点からネット販売に積極的に取り組んでいる。こうした後方部門の生産性向上によって，収益性や新たなニーズの取り込みによる成長を目指している。

①直行バス……発着時刻と営業時間のズレに対して，チェックイン・アウト変更
②客室清掃……清掃が間に合わない問題に対して，スタッフ派遣や作業プロセス改善による効率化
③ブランチに対する要望に応える……朝食時間の延長が難しい状況に対応するために，まちなかの食堂と協業してミールクーポンを発行

## ４．地域においてホスピタリティが形成される「場」

　R.フロリダは，居住地と幸福に対する満足度のカギとなる要素を，ティナグリの統計分析を活用して，次の３つに大別している（Florida（2009）より）。

①教養と活力……地元の大学，芸術と文化，活気あるナイトライフ，人それぞれの得意領域に適した雇用の機会，人との出会いがあること，若い大学生，単身者，起業家，アーティスト，そして科学者にとって住みよい場所であること
②美的感覚と住み心地……美観，公園，公共空間，子供の遊び場，遊歩道，気候，大気環境など
③公平性……住宅の入手しやすさ，周辺の交通アクセス，高齢者と貧困層にも住みやすいこと

　これらの中で，地域内や地域間で３つの要素に共通するテーマとして，人間

関係を結節させていくという視点に注目したい。すなわち，人が自由に集うことのできる，自宅や職場以外のサード・プレイス，その中で人と人を結びつけるソーシャル・キャピタル，そして，その関係性がコアになって地域のダイナミズムを生成する地域エコシステムについて検討する。

## （1）サード・プレイスとは

　R. オルデンバーグによれば，都市とその近隣住民が，（そのまちが）我々に可能性を約束しているとおりに豊かで多様な交流を提供するには，人の集まってくる＜中立の領域＞が存在しなければならない。誰にでも門戸を開き，社会的身分差とは無縁な資質を重視することによって，サード・プレイスは，他者の受け入れを制約しようとする傾向を阻止する。サード・プレイスの中では，地位や身分にかかわらず，当人の人柄の魅力や雰囲気こそがものをいう（Oldenburg（2013）より）。

　レヴェラー（人を平等にするもの）である場所は，職場にいるときには気づかない，仕事仲間の別の一面をたっぷり見ることもできる。ジンメルによる「純粋な社交」は，人びとが，目的や義務や役割という背景を超えて個性と関わり合う「楽しみ，快活さ，気晴らし」以外に何の目的もなく集まる機会である（Oldenburg（2013）より）。

　このサード・プレイスの中では，会話が主な活動となる。おしゃべりが活発で，機知に富み，華やかで，魅力的であることがサード・プレイスを明確に表している。

　そして，サード・プレイスはしかるべき人がそこにいて活気づけてこその空間であり，そのしかるべき人とは「常連」である。常連は，その場所に特色を与え，いつ訪れても誰かしら仲間がいることを確約してくれる。常連はいついかなる時も人数に関係なく，その場所を熟知していて，にぎやかな雰囲気を作ってくれる。常連の気風と物腰が，人から人へと伝わり広がる交流のスタイルを提供することから，常連が新顔を受け入れることはとても重要である（Oldenburg（2013）より）。

## （2）ソーシャル・キャピタル

　地域には，さまざまなつなぎ役が存在し，特定の目的のために参加する人々の間での「信頼」を基軸として，相互の個人能力を認め合いながら連携することで，社会的関係性を形成している（佐々木（2006）より）。この社会的関係性を意味するソーシャル・キャピタル（以下，「SC」ともいう）という考え方は，国や地域社会，企業や学校といった集団や組織の仕事，人々の生活の営みの中で結びついた人的関係や人脈を資本ととらえるものである。

　例えば，米国のグーグル社は社内調査の結果から，イノベーティブな組織づくりのキーワードとして，「心理的安全性」を導き出した。これは，「この職場であれば，何を言っても安全」という意識を社員が共有していることを指している。職場の心理的安全性の向上により，組織メンバーは，新しいアイディアの創出やイノベーションに取り組みやすくなる。これは，ソーシャル・キャピタルに心理面での資本が加わったのと同じ効果が得られる。これをマインド・キャピタルと称している（日本経済新聞朝刊（2019）より）。

　地域においても，SC による地域の中の人的つながりで，日常の生活の維持や改善に加えて，災害時のレジリエンス（復興）につながる可能性も指摘されている。その一方で，SC が維持できなくなるとコミュニティの弱体化にもつながってしまう。そこで，SC 維持を通じて，コミュニティの活力を保つためにも，NPO などの中間組織の存在が大きいと同時に，関係人口の創出で，地域外との結びつきを広げ，地域を持続させる視点も重要になってきている。すなわち，SC を地域外にもつなげていくという考え方である（日本経済新聞朝刊（2014）より）。

　さらに，NPO だけでなく，SC がサード・プレイスの存在を通じて，ネットワークが地域の中に張り巡らされることにより，社会的なニーズが充足されていくと考えられる。

## （3）地域エコシステム

　新しい価値創造の構想の実現に対して，人工物の開発・生産によって貢献す

る多様なエージェントの集合体をエコシステムという（椙山・高尾（2011）より）。個別の企業内部や特定産業内のエコシステムから，地域内の多様な組織の連携も視野に入れた考え方を地域エコシステムと呼ぶ。

　地域社会では，キー・ストーンとなる中核的エージェントの存在が欠かせない。つまり，価値創造の構想についての合意形成の困難さから，特定のエージェントが主導的な役割を果たすことで，エコシステムが形成されるのである（椙山・高尾（2011）より）。Klein らは，米国ノースカロライナ州における農村部での観光分野の起業家の動向に着眼した研究の中で，農村地域でエコシステムを形成する起業家は社会起業家であり，そのメンバーとしては，宿泊部門（キャンプ場，Bed & Breakfast, 中小規模のホテル），フードサービス（レストランとコーヒーショップ），中心市街地の小売業，アートギャラリーとスタジオ，アグリツーリズムから構成され，文化的アトラクション，フェスティバル，アウトドア用品とガイド，コミュニティの他の関連サービス部門が関連していると規定する。特に，ボヘミアン指数（作家，デザイナー，ミュージシャン，俳優，映画監督，画家，彫刻家，写真家，ダンサーなど芸術を職業とする人口の比率を測定する）（Florida, 2008）が起業家や観光客の活動と強い相関関係があると指摘し，クリエイティブ・クラスが起業家と観光業の発展の間の結びつきの重要な要素であり結果でもあるとしている（Kline, Hao, Alderman, Kleckley & Gray（2014）より）。このことは，瀬戸内芸術祭や中之条ビエンナーレにおける，芸術家たちの活動と地域住民との結びつきから生まれるさまざまな観光活動の賑わいを見ても明らかである。

　地域では，旅館，DMO（destination marketing/management organization），美術館などがキー・ストーンとなり，地域内のソーシャル・キャピタルを通じて，他のエージェントを巻き込んで地域の観光デザインを推進する。すべてのエージェントのポジションは，地域の状況に応じて入れ替わる（佐々木（2019）より）。

## 5．地域の課題をホスピタリティによって乗り越える

　インバウンド観光は新型コロナによって，壊滅的な状況であるが，その直前まで問題視されていたのが，オーバーツーリズムである。京都や鎌倉など，わが国を代表する観光地に居住する住民が，日常利用する公共交通機関に乗ることもままならない状況に陥ってしまい，市民にとっても観光客にとっても不満な事態が頻発した。これは，わが国だけでなく，欧米の観光地でも同様の事態が発生していたのである。地域は一様に観光客を歓迎しているわけではない。「まち」の中には観光業で潤っている人や企業もあれば，そうでない人々も存在する。「まち」は経済的には観光業によって繁栄するかもしれないが，失うもの―生活の質，便利さ，文化や社会の価値―が大きすぎて，得られる利益をカバーできないと感じる住民もいるかもしれない（Kotler, Haider, Rein（1996）より）。

　地域内のすべての人々が同じ価値観を共有することは難しい。しかし，いくつかの次元において地域内での連携が可能な場合もあり得る。

### （1）SC で結節したエコシステムによってサービス体系が形成される

　フランスでは，多様なインキュベーター（ベンチャー・ビジネスの起業支援機関）が未来の優良企業を育成しているが，観光産業でも起業が盛んに推進されている。Paris & Co. というパリ市のイノベーションと経済開発を推進する機関では，パリの経済的価値を高めるために，観光も含め多様な事業を創造し，そのPR とイノベーションに力を入れている。世界中からスタートアップ企業を探し出し，彼らの進出を歓迎し，さらに，まちのイメージを海外に伝えることにも貢献している。起業と育成を積極的に支援し，革新的なソリューションを試行し，スタートアップ向けのイベントを企画し，彼らを主要な取引先に紹介することで，広域のイノベーション・エコシステムをネットワーク化している。この中に Welcome City Lab（WCL）という取り組みがある。これは，都市観

図表 12 − 2 WCL ネットワーク

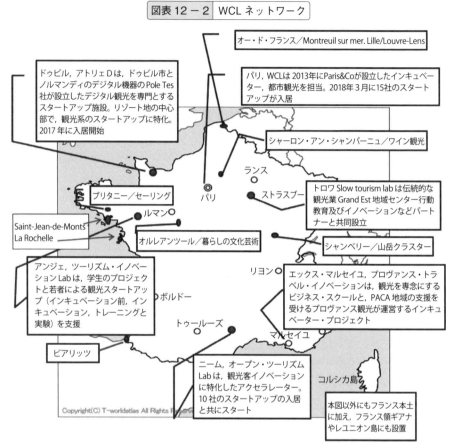

オー・ド・フランス／Montreuil sur mer. Lille/Louvre-Lens

ドゥビル, アトリェ D は, ドゥビル市と
ノルマンディのデジタル機器の Pole Tes
社が設立したデジタル観光を専門とする
スタートアップ施設。リゾート地の中心
部で, 観光系のスタートアップに特化。
2017 年に入居開始

パリ, WCL は 2013 年に Paris&Co が設立したインキュベー
ター, 都市観光を担当。2018 年 3 月に 15 社のスタート
アップが入居

シャーロン・アン・シャンパーニュ／ワイン観光

ランス

ストラスブー

パリ

トロワ Slow tourism lab は伝統的な
観光業 Grand Est 地域センター行動
教育及びイノベーションなどパート
ナーと共同設立

ブリタニー／セーリング

ルマン

Saint-Jean-de-Monts
La Rochelle

オルレアンツール／暮らしの文化芸術

シャンベリー／山岳クラスター

リヨン

アンジェ, ツーリズム・イノベー
ション Lab は, 学生のプロジェク
トと若者による観光スタートアッ
プ (インキュベーション前, イン
キュベーション, トレーニングと
実験) を支援

エックス・マルセイユ, プロヴァンス・トラ
ベル・イノベーションは, 観光を専念にする
ビジネス・スクールと, PACA 地域の支援を
受けるプロヴァンス観光が運営するインキュ
ベーター・プロジェクト

ボルドー

ビアリッツ

トゥールーズ

マルセイユ

ニーム, オープン・ツーリズム
Lab は, 観光客イノベーション
に特化したアクセラレーター。
10 社のスタートアップの入居
と共にスタート

コルシカ島

本図以外にもフランス本土
に加え, フランス領ギアナ
やレユニオン島にも設置

Copyright(C) T-worldatlas All Rights R

出典：白地図は http://www.sekaichizu.jp/atlas/europe/country/map_n/n_france.
html）それ以外は Welcome City Lab, "Trend Book #3", 2019, p.11

光向けのイノベーションのプラットフォームで, 世界初の観光特化型のインキ
ュベーターである。

WCL は, 2013 年にパリ市役所, Bpi フランス, パリ観光コンベンション・
ビューローおよび事業統合理事会（DGE）の支援を受け, Paris & Co. が創設
したものである。その他の創立メンバーには, パリ空港公団, エールフラン
ス, ギャラリー・ラファイエット, カンパニー・デ・ザルプ社, パリ宿泊協会,

RATP（パリ交通公団）などがある。WCL のイノベーションの基盤は，観光部門のスタートアップ企業や既存の事業者に対して，幅広いサービスを提供する。具体的には，インキュベーター，会議やディスカッション，コ・ワーキング・スペースの提供，実験のインフラ，そして個々の取り組みの観察である。

　このWCLを中心として，フランス・ツーリズムLabの取り組みが，フランス全体での観光分野の起業を推進し，ネットワーク化している。これは，観光客への提供内容を刷新するために，従来6つの組織（パリ，トロワ，エックス－マルセイユ，ニーム，アンジェ，ドゥヴィル）を組み合わせてきたおかげで，フランスは観光のトレンドの最先端を維持できている。さらに，全国ネットワークを作り上げるための10の地域に組織の連合を形成することを目指している。

## （2）利害対立（コンフリクト）を協調的に乗り越え結束する地域

　消費者との接点を形成したことで地域内産業間に関係性が形成され，地域が活性化した例として，北海道標津町がサケ漁業と酪農業と観光まちづくりのそれぞれの事業者間の対立を克服した取り組みについて見ていくことにしよう（森重（2014）より）。

　同町の産業を代表するサケ漁業と酪農業は，1980年代までは連携は見られず，むしろ酪農業が牛の糞尿を川へ廃棄し，牛が川を横断することから水質汚染という問題が存在した。

　一方，特段の観光名所がないため，町内の旅館・民宿は，宿泊客が公共工事関係者中心であることからの脱却を目指し，新たな観光資源の開拓の必要性を感じていた。しかし，サケ漁業者は漁業者にとってのメリットがないこと，荷揚げ作業の邪魔になること，自分たちの仕事場を見世物にされたくないといった意識で，協力関係は見られなかった。

　ところが，豊漁に沸いた80年代に漁獲後のサケを野積みするなど品質管理が問題視されるようになり，価格が暴落する。その後，鮮度保持対策を講じ価格は回復したが，1992，93年と不漁が続き，資源の確保のため大量のサケの輸入が始まる。94年に漁獲量が復活しても国内産の価格は低迷したままとな

る。

　そこで，消費者流通対策協議会が設立され，百貨店や観光協会主催のイベントで，サケを捌いて切り身にして調理法を伝えることで標津町のサケの価値が伝わるようになり，平均単価が回復していった。ここで，漁業者の意識が変わったという。

　旅館・民宿では，安心・安全なサケの普及を目指して，「標津再発見ツアー」を企画，地域内の観光資源に気づいていく。これを体験型観光へと展開させ，サーモン・ダービーやフィッシングを標津の特徴として位置づけることに成功する。

　酪農業も標津町の重要な産業であったが，町民がその存在を認識できておらず，アンケートを採ってみると，7割が牧場に行ったことがない，臭い，仕事が大変そうなど否定的なものばかりであった。そこで，まずは，町内の小学生を対象に体験学習や牧場見学に取り組んだ。まさに，地域内から酪農業に対するロイヤルティを高めようとするインターナル・マーケティングに取り組んだのである。2004年には，エコ・ツーリズム協議会と連携し，半日酪農体験に着手し，2006年に標津町グリーンツーリズムフレンズを発足する。生乳は隣町の工場に出荷し，特産物としてゴーダチーズを販売し，「しべつ乳」を小学校の給食に供給し，バターづくりイベントを開催するなどして地域ブランドづくりに取り組んだ。

　標津町の共有資源は，森林とサケと酪農である。これらは観光資源でもあると町民が共通して認識することにより，それぞれの産業に従事する人びとと町民自身の意識が変わっていった。観光まちづくりの中で，地域資源を発掘することと，地域資源と地域住民との関わりを明らかにし，共有できたことで地域再生を実現させることが可能となった。そして，消費者や観光客との接点を増やしていくことが地域内の連携へとつながっていく。ここでは地域内の異なる事業者がお互いの連携によって，ホスピタリティを自覚するようになり，地域に活力を与えたと考えることができよう。

**（3）地域内で解決できない課題には，関係人口とのつながりで対処する**

　関係人口とは，地方部に関心を持ち関与する都市部に住む人々を指している（小田切（2018）より）。地域が関係人口とのつながりを形成するためには，地域固有のホスピタリティが不可欠であり，ここでのホスピタリティは，必ずしもビジネスに直結している必要はない。

　地域の人々の中で，地域の課題に気づく人がローカル・リーダーとなることで，地域外の人々とつながり（ソーシャル・ネットワーク）が形成される。地域外の人を呼び込み，地域内で不足していた人的資源を補完することによって，地域は再び活性化をはじめる。

## 6．ソーシャル・ネットワークの視点

　次に，ソーシャル・ネットワーク（以下，「SN」ともいう）について，SN とコミュニティを比較しながら検討してみよう。

**（1）ソーシャル・ネットワークについて（コーエン，プルサック（2003）より）**

　SN もコミュニティも，共通の利害や経験，目標，任務を中心に集められた人間の集団である。どちらも定期的なコミュニケーションと，ある程度の信頼・利他主義を特徴とする絆という意味合いがある。

　コミュニティは「閉じて」おり，コミュニティのメンバーはある程度お互いが知り合いであることが一般的である。SN は，それに比べて，より「開かれた」，相互に絡み合った「つながり」を形成している。SN に参加している個人は，直接接触のあるメンバーは知っているが，その知り合いの知り合いについては必ずしも知らない。

　これを観光で見ると，SN は，先述の関係人口に当てはまると考えられる。観光などで訪れた地域の人々との出会いから，さまざまな関係性の絆が生まれ，コミュニティに関わるようになることがある。観光地を訪れたことのある

人同士のつながりでなく，訪問をきっかけに，地域の課題に取り組むことになった人たちのつながりが関係人口の基本になる。

　SN に参加し，協働性・団結性のある行動を支える信頼や理解，相互性といった「つながり」が形成される。そのグループと業務へのコミットメントと協力，業務のために「単なる仕事」以上のことをやろうとする意思が生まれてくる。

　帰属意識を生み出す源泉の1つが，集団としての知識を身につけることである。集団のスキルや慣習，知識，用語，エピソードを共有することが地域内への帰属意識を高めることにつながっていく。

　新たな参加者が，集団の慣習を学び，一員となるプロセスは，「正統的・周縁的参加」と呼ばれる。集団の正当なメンバー候補として認知されると，参加者はオブザーバーや訪問客以上の存在になる。初期段階は，観察者である。重要な行事では周縁的で，行事での役割は，観察し学ぶことにある。そして，観察者および行為者として参加するのである。

　地域行事に参加してみると，地域の規範や価値観を実際に目の当たりに感じ，発見できる場合がある。組織の評判や主張，公の方針とは一致していないこともあるかもしれない。住民全体が非常に強く団結しすぎて，思考停止になって硬直化している地域もあるであろう。その場合の解決策は，集団の境界の「透過性」を上げることである。

　そして，もっと多くの人と情報が，外部から集団に入っていくように工夫する必要がある。地域文化との相性で外部の人を受け入れるかどうかを判断している地域は，何らかの形で規範に対して挑戦するような，規範から外れた人も受け入れるようにできれば，地域の変革がもたらされるのではないだろうか。もし，外部の人にとってもアクセスのしやすいサード・プレイスが地域内にあれば，外部の人々は，その地域に入り込みやすくなり，結果として外からの情報に接する機会も増えていくのではないだろうか。サード・プレイス内の常連が，自覚的によそ者に接することで，SN がより機能するものと期待される。

**（2）ルーマニアのヴィシクリ村 (Viscri) が国際観光地に変貌したソー
　　シャル・ネットワークの取り組み例 (Iorio & Corsale (2013) より)**

　Viscri 村では，かつてサクソン系の住人が長期間存在し，価値ある建築遺産が点在している。この村には，ロマネスクとゴシック様式で建築されたルター派の要塞化した教会や，村の街路に沿って立つ色彩豊かな農家の母屋から構成される伝統的集落が存在する。

　次第に，サクソン系人口が減少し，遺産の維持がきわめて困難になっていった。多くの家屋が空き家となり，倒壊し始めたのである。社会的民族的構成にも大きな変化が起きたが，古来のサクソンとリンクした歴史的建造物は，地元住民の関与と外部の人々，国際機関の支援によって存続が可能になったのである。

　1990 年代初め，サクソン系住民で大学に進学した若者がローカル・リーダーとなった。彼女はサクソンの方言に加えて独語，ルーマニア語と英語を話した。村に戻り教師となり，1992 年から Bunesti 市議会の議会アドバイザーとなり，Viscri の文化遺産に国内外の関心を惹きつける活動を展開した。

　初期プロジェクトは，米国，ベルギー，英国などの多国籍からなるサポーターやメンターと緊密な対話を行い，事業計画と村のプロジェクト向けの資金調達提案を考案し，ジョージ・ソロスのオープン・ソサエティ基金やベルギーと独国の組織からの小規模基金を活用した。さらには，独国，仏国，ベルギー，英国，米国から旅行に来ていた人たちにプロジェクトのスポンサーになってもらうことができた。

　1994 年，Viscri を訪れた英国人作家の Jessica Douglas-Home に出会い，要塞化した教会とサクソンの遺産を見せたことがきっかけとなって，1999 年には Jessica とローカル・リーダーは，共に Viscri の住宅復元の第一号に取り組むこととなった。

　観光の取り組みが始まって以降，住民の生活ぶりが大いに改善された。彼らには，給与もより多く支払われ，必要なものも購入できるようになり，健康管理面や子供たちへの教育の余裕も生まれた。農家では，農業と観光が相互に支

え合えると考えられるようになり，農場用地を買い上げ，果樹と野菜の生産量が増加した。

　Viscri では，トランシルヴァニアのサクソン系の住民が築いた建築遺産を保護するために，地域と国内外にサポートのつながりを求める SN が形成されていったのである。つまり，地域外の人が地域の問題に関わるという関係人口が登場した。

　図表 12 - 3 に示されているように，Viscri では，ローカル・リーダーが中心になってソーシャル・キャピタル（SC）を駆使して地域内の人々や機関を結びつけている。これによって形成された地域エコシステムを通じて，地域の問題が 1 つずつ解決されていったのである。このエコシステムが，関係人口によるサポートを得ながら地域外部との間でも SC を形成し，地域だけでは解決の

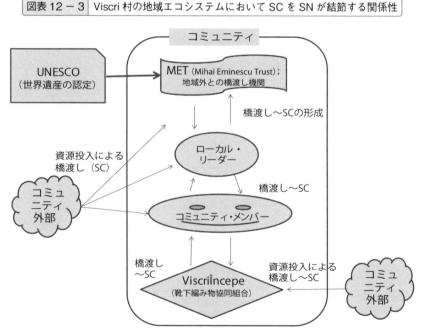

図表 12 - 3 ｜ Viscri 村の地域エコシステムにおいて SC を SN が結節する関係性

出典：Iorio & Corsale, (2013).

難しい課題に挑戦している。いわば，関係人口によるホスピタリティが地域課題を解決しているといえよう。

### （3）広域連携による総合力でホスピタリティを発揮する

　2009年に上海で観光調査を実施した際に，旅行代理店や百貨店，日本総領事館でのヒアリングから，日本の地域における取り組みとして，広域によるものが望ましいとの声が聞かれた。これは，中国のような広大な地域の人びとからは，小規模な地域の提案はその個別の特色まではなかなか把握しきれないという理由によるものであった。

　一方，九州観光推進機構のように九州7県という広域で連携することによって，情報発信力が増し，豊富な観光資源の提案が可能になり，観光客から見ても魅力が増し，理解しやすくなるのである。例えば，「ONSEN島」という九州のアイデンティティを明確に絞り込んだプロモーションのように，イメージを定着させることにもつながっていく（日本経済新聞（2014）より）。

　これに対して，コロナ禍でインバウンド誘客を再開できない現状においても，九州全体で見れば，物資の輸出という形態で国際市場とのつながりは維持できる（佐賀新聞（2021）より）。つまり，災害などによって温泉そのものは活用できない場合でも，広域連携による物資の取引で地域経済を振興させ，さらにはそれらの物資を海外市場に提供することを通じて，国際市場との関係性を維持することができるのである。

## 7．むすびにかえて

　本章では，地域における多様なホスピタリティのあり方を提示し，地域内では解決できないさまざまな課題の解決に向けた方策を示した。特に，関係人口や広域連携は，今後の地域政策の中でますます重要な位置づけとなっていくであろう。

　しかし，外の人を呼ぶ前に，まず自分たちをどうするのか，地域の中で協力

関係はあるのか，あくまでも主体は地域や地域に住まう人々にこそある。地域の資源には多様な魅力があり，観光以外にも豊富な光の当て方が存在するはずである。その意味では，まず，地域の内側で覚悟と方針と戦略を共有するインターナル・マーケティングに取り組み，思いを共有しながら，地域の外に向かってエクスターナル・マーケティングを実施する必要がある。

　言い換えれば，地域のホスピタリティは，地域の中の人々を結びつけ，その連携で生まれる地域のエコシステムを中核として，多様なソーシャル・キャピタルでリンクした関係性とみることができよう。

主要参考文献

C. Kline, H. Hao, D. Alderman, J. W. Kleckley & S. Gray (2014), *A Spatial Analysis of Tourism, Entrepreneurship and the Entrepreneurial Ecosystem in North Carolina*, USA, Tourism Planning & Development, Vol.11, No.3, pp.305-316.

Monica Iorio & Andrea Corsale (2013), "Community-based tourism and networking: Viscri, Romania", *Journal of Sustainable Tourism*, pp.234-250.

P. Kotler, D. Haider & I. Rein (1996),『地域マーケティング』東洋経済新報社.

P. Kotler, J. Bowen & J. Makens (2003),『コトラーのホスピタリティ＆ツーリズム・マーケティング』ピアソン・エデュケーション.

R. Florida (2008),『クリエイティブ資本論』ダイヤモンド社.

R. Florida (2009),『クリエイティブ都市論』ダイヤモンド社.

R. Oldenburg 著，忠平美幸 訳 (2013),『サード・プレイス―コミュニティの核になる「とびきり居心地よい場所」』みすず書房.

Welcome City Lab (2019), "Trend Book #3".

小田切徳美 (2018),「関係人口という未来―背景・意義・制作」『月刊ガバナンス』，No.202.

佐々木茂 (2006),「事業創造の新たな視点：ソーシャル・キャピタル，社会起業家，社会志向的企業と企業間連携」(高崎経済大学附属産業研究所編『事業創造論の構築』日本経済評論社.)

佐々木茂 (2019),「おもてなしの地域マーケティング論（5章）」(余暇ツーリズム学会編『おもてなしの総合学』第5章，創文企画)

椙山泰生・高尾義明 (2011),「エコシステムの境界とそのダイナミズム」『組織科学』，vol.45 No.1.

ドン・コーエン，ローレンス・プルサック (2003),『人と人の「つながり」に投資する企業―ソーシャル・キャピタルが信頼を育む』ダイヤモンド社.

森重昌之（2014），『観光による地域社会の再生』現代図書．

観光庁観光産業課（2011），『平成 22 年度観光産業のイノベーション促進事業』

「震災復興の長期戦略」，日本経済新聞朝刊，2014/3/31, p.25.

「温泉とブランド（下）九州は「ONSEN」島」，日本経済新聞地方経済面，2014/7/25, p.13.

「心の資本」，日本経済新聞朝刊，2019/7/1, p.7.

「九州の陶磁器に高い関心」，佐賀新聞朝刊，2021/4/8, p.21.

（佐々木茂）

第 *13* 章

# 未来のホスピタリティ産業

## 1. ホスピタリティ産業となる可能性のある産業

### (1) ホスピタリティ産業の範囲

第3章で述べたように, ホスピタリティ産業という言葉が示す範囲は拡張されてきた。

実は, 本書の著者の中には, 10年ほど前に『サービス＆ホスピタリティ・マネジメント』(産業能率大学出版部) という本を執筆したメンバーがおり, そこでは, 旅行業, MICE／ゲーミング産業など, 本書では取り扱わなかった産業も扱った。また,「ホスピタリティ拡張論」として, 行政, ジャーナリズムそして前章で扱った地域を軸としたホスピタリティ, さらには職人, 消費者側に関係するホスピタリティについても論じている。

これも第3章でも触れたが, ホスピタリティ産業の幅は論者によって異なっている。福永・鈴木 (1996) では宿泊産業と料飲サービス産業 (同書では「飲食産業」としている) 以外にも, 観光産業と余暇産業を挙げた上で,

・選択性が高い
・代替性が高い
・必需性が低い

・緊急性が低い

・感じの良し悪しが決め手

という５つの特徴を有する産業であると主張している (pp.3-5)。

　同時に，米国では観光産業（旅行，宿泊，飲食，余暇），健康産業（病院，フィットネス），教育産業が該当するとしており，山上（2005）における，

　　「最狭義」：飲食・宿泊業

　　「狭義」　：観光（旅行・交通・宿泊・料飲・余暇）産業・関連事業

　　「広義」　：観光・教育・健康産業・関連事業

　　「最広義」：(省略)

という定義 (p.58) とも整合性が取れている。

　以上より，旅行業，余暇産業，教育産業，健康産業といった辺りが，ホスピタリティ産業に含まれるのか，あるいは，今後，含まれるようになるのかについては，考察しておく必要があるように思われる。


## （2）旅行業

　わが国における旅行業とは，旅行者あるいは交通・宿泊事業者の代理・媒介などをして旅行の実現に至らしめる存在である。そのため，確かにこれまでの旅行業は，例えばカウンターにおける接客も重要であり，また，添乗員とのやり取りをはじめとしたホスピタリティ面が重視される側面もあった。しかし，近年はOTAの隆盛や，交通機関や宿泊施設の，お客様に対する直販が増加したことにより，従来型の旅行業は減少傾向にある。すなわち，一部の大手などを除いて，単なる「利用権の流通業者」になってきつつあるということである。

　それでは，一部の大手などは，今後，ホスピタリティ産業的な方向となる可能性はあるのだろうか。その前提として，これからの旅行業は，新しい観光を創出していく創造力やアレンジ力が求められることになると予想されることを

指摘しておかねばならない。そのため，まったく否定的な見方をするつもりはないが，ホスピタリティ的要素がコアのビジネスになることはあまり考えられないため，その点では交通や小売などと同様，「ホスピタリティも重要な産業」という位置づけになるのではないだろうか。

## （3）余暇産業

そもそも，余暇とは人間の有限な時間から，睡眠などに必要な生活必需時間と，仕事や学習などの社会生活時間を引いた時間のことである（諸説ある）。それに関わる産業が余暇産業あるいは余暇関連産業と呼ばれるが，対象となる事業があまりに広すぎるため，もちろん一部は当然ホスピタリティ産業にも該当するといえようが，そうでないものも多いということになる。

## （4）教育産業

教育といっても，小学校から中学，高校，そして大学のような公的なものは，通常「産業」には入らない。経済産業省でも，教育産業15分野として，学習塾・予備校，家庭教師派遣，幼児向け通信教育，学生向け通信教育，社会人向け通信教育，幼児向け英会話教材，資格取得学校，資格検定試験，語学スクール・教室，幼児受験教育，知育主体型教育，幼児体育指導，企業向け研修サービス，eラーニング，学習参考書・問題集を挙げている。

これらはいずれも，成果が未知数でありながら購買する，すなわち不確実性が存在するという点で，ホスピタリティ概念との整合性はある。しかし，旅あるいは飲食といった要素とは無縁であり，そうした点からもホスピタリティ産業と考えることには無理がある。

学ぶという行為は，あくまで学ぶ側の主体性があって実効性が生じるものである。そのため，あまりにもお客様として持ち上げすぎてしまうと，かえって効果的ではない結果につながってしまうことが予想される。核となる需要は，学んだ成果につなげることであると考えられるが，なるべく楽に，かつ早くそれを実現することが，なによりも目的となってしまうからである。この点から

も，ホスピタリティ産業の枠組みに入れるのは適切ではない。

## （5）健康産業

　これも，教育産業と同様に，病院などの医療機関ではなく，予防的措置に関する事業を展開する企業群を指している。

　治癒あるいは癒しといった要素に関係してくることから，今後ホスピタリティ産業に数えられるものが生じる可能性は，最も高いと思われる。特に，少子高齢化が進んでいる昨今，健康産業に対する期待は大きく，成長分野の1つと考えられるだろう。

　ただし，教育産業と同様に，本来的には自身の努力も求められるのが健康産業の提供するサービスである。その意味では，ホスピタリティを強調しすぎることの危険性は，常に意識しておく必要があると思われる。

## （6）その他の可能性

　関係性をマネジメントすることがホスピタリティのポイントとして挙げられるため，SNSのようなサービスを提供している企業も，ホスピタリティ産業の候補として考えられよう。ただし，これも教育産業同様，必ずしも旅や飲食が提供される事業ではない。また，SNSなどはあくまでコミュニケーションのためのプラットフォームを提供する事業であり，積極的にコミュニケーションに関与しているとはいえないことも，将来的にホスピタリティ産業となる可能性の低さにつながっている。逆にいえば，仮に積極的にコミュニケーションにも関わるようになった場合には，ホスピタリティ産業にも数えられるようになる可能性を秘めているともいえる。

# 2．ホスピタリティ産業への視線と世界への展開

　コロナ禍において，最も強く政府・自治体から制約を課されていたのは，料飲サービス産業だったのではないだろうか。飲食店の休業・時間短縮・一部メ

ニューの制限などといった要請が幾度となく出され，あまりの苦境に閉店を余儀なくされた店舗も多かった。

　また，人が集うことも避ける必要性が訴えかけられたことで，セレモニー産業も大きな打撃を受けた。そしてそれらを複合的に提供しているホテルも，非常に厳しい状況に追い込まれたのは周知のとおりである。

　本書執筆時点では，感染の主要因が必ずしも明らかになってはいないため，こうしたホスピタリティ産業が閉めるべきであったのかどうかは明言できない。しかし，協力金の支払いがなかなかなされないといった声も多く聞かれ，そのような事態がなぜホスピタリティ産業にばかり生じたのか，この点に関しては，検討する必要があるだろう。

　これも『サービス＆ホスピタリティ・マネジメント』にて論じたことであるが，日本ではどうしても，「重厚長大型」産業が経済界の上層を占めており，政策提言などに関してホスピタリティ産業の意向が反映されることはきわめて少ない。本来的には，消費者に最も近い位置にいるはずの業種から，政府への影響力が行使しにくい状況にあるということになる。

　事実，わが国の経済団体でトップを占めてきたのは圧倒的にメーカー出身者であり，それ以外では，かろうじて日本郵船が，かつての日本経営者団体連盟（日経連）の第8代会長にみられる程度である（図表13－1）。これは他の役員に関しても同様であり，JR東日本やANAホールディングスといった企業名がやっと見受けられるといったレベルである。

　この背景にあるのは，企業規模である。2020（令和2）年における日本企業の売上高ランキングをみると，トヨタ自動車の30兆円弱を筆頭に，本田技研工業（15兆円弱），日産自動車（10兆円弱）といった自動車メーカー，三菱商事（15兆円弱），伊藤忠商事（11兆円弱），三井物産（8兆5,000億円弱）などの商社，そして日本郵政（12兆円弱），NTT（12兆円弱），エネオス（10兆円強），日立製作所（9兆円弱）といった企業が並んでいる。かろうじて小売業のイオンが8兆6,000億円強，セブン＆アイが6兆6,000億円強で上位に入っているものの，他は50位にJR東日本（3兆円弱），79位にANA（2兆円弱），87位にJR東海（1

図表 13 - 1 ｜ 経済団体の歴代会長

| | 経済団体連合会歴代会長 | | 日本経営者団体連盟歴代会長 | |
|---|---|---|---|---|
| | 歴代会長 | 所属企業 | 歴代会長 | 所属企業 |
| 初代 | 石川一郎 | 日産化学工業 | 諸井貫一 | 秩父セメント |
| 2代 | 石坂泰三 | 東京芝浦電気 | 三鬼隆 | 八幡製鐵 |
| 3代 | 植村甲午郎 | 経団連事務局 | 加藤正人 | 大和紡績 |
| 4代 | 土光敏夫 | 東京芝浦電気 | 櫻田武 | 日清紡績 |
| 5代 | 稲山嘉寛 | 新日本製鐵 | 大槻文平 | 三菱鉱業セメント |
| 6代 | 斎藤英四郎 | 新日本製鐵 | 鈴木永二 | 三菱化成 |
| 7代 | 平岩外四 | 東京電力 | 永野健 | 三菱マテリアル |
| 8代 | 豊田章一郎 | トヨタ自動車 | 根本二郎 | 日本郵船 |
| 9代 | 今井敬 | 新日本製鐵 | 奥田碩 | トヨタ自動車 |
| | 日本経済団体連合会歴代会長 | | | |
| 初代 | 奥田碩 | トヨタ自動車 | | |
| 2代 | 御手洗冨士夫 | キヤノン | | |
| 3代 | 米倉弘昌 | 住友化学 | | |
| 4代 | 榊原定征 | 東レ | | |
| 5代 | 中西宏明 | 日立製作所 | | |
| 6代 | 十倉雅和 | 住友化学 | | |

出典：著者作成。

兆 9,000 億円弱）などとなっており，上位 100 社にそれ以外のホスピタリティ（関連）産業は存在しない（ストレイナー調べ）。

　さらに，ホスピタリティ産業の中でも宿泊産業は，いかにも規模が小さいといわざるをえない。「プリンスホテル」系列が約 2,000 億円，リゾートトラストが約 1,600 億円，「ドーミーイン」とリゾートも手がける共立メンテナンスが約 1,400 億円，APA ホテルが 1,000 億円強，東急が 1,000 億円弱といったところである（いずれも 2019 年の数字）。さらに，旅館ではこうしたチェーンが少なくかつその歴史もまだ浅いため，大江戸温泉物語グループの 500 億円といった辺りが目立っている。

　世界に目を転じると，Fortune Global 500 では，トップがウォルマートで 5,200 億ドル以上の売上となっており，これだけでもトヨタの倍近い売上という驚異的な規模である。この中には，「マリオット」（約 200 億ドル）や「スター

バックス」（約260億ドル）が入っている。航空にまで広げると，デルタ航空，アメリカン航空，ユナイテッド航空の米国御三家，ルフトハンザ，エールフランスKLMといったところが目に付く（いずれも2020年）。

　要は，まずは国内の他業種との比較でも，企業規模が小さいのではないかということである。ただし，これは国内での事業を広げるべきということではなく，世界にももっと目を向けていくべきではないかということでもある。バブル期には海外展開を進めた企業も多かったが，バブル崩壊後に多くのホテルが撤退している。世界レベルで事業展開をしていかないと，他国の企業と比較して規模の利益や範囲の経済を享受できず，こうしたホスピタリティ産業としての生き残りは非常に厳しくなる可能性が生じてしまうことになる。

　ホテルは，比較的事業統合がしやすいビジネスである。事実，過去にも第一ホテルの経営が行き詰まったあと「阪急阪神ホテルズ」に統合されたが，現在では「阪急阪神第一ホテルグループ」としてフルラインのホテルを擁するチェーンとなっている。他にも，統合の可能性があるチェーンはいくつか散見できよう。そして，国内でのある程度の業界再編による統合を経て，バブル時代のように，再度海外への展開を意識する必要があるのではないだろうか。

　実はむしろ，料飲サービス産業の方が，2000年代に業界再編が生じたこともあり，わが国でも規模感が大きくなってきている。ゼンショーの約6,300億円，すかいらーくの約3,700億円（いずれも2019年）など，ホテル企業を大きく上回っている。さらに，海外展開にも熱心であり，この点でもホテル企業と好対照をなしているといえるだろう。

　10年前にも同様の提言をしているが，今後のホスピタリティ産業は，国内での「秩序ある競争」の中でのみ生き残りを図るのではなく，業界内での合同や海外への展開を通じて，より果敢なチャレンジが求められてくるのではないだろうか。コロナ後の世界における，わが国ホスピタリティ産業のさらなる飛躍を願ってやまない。

主要参考文献

サービス＆ホスピタリティ・マネジメント研究グループ（2011），『サービス＆ホスピ
　　タリティ・マネジメント』産業能率大学出版部.

福永　昭・鈴木　豊［編著］(1996)，『ホスピタリティ産業論』中央経済社.

山上　徹（2005)，『ホスピタリティ・マネジメント論』白桃書房.

（徳江順一郎）

# 索　引

**《著者紹介》**（五十音順）

**飯嶋　好彦**（いいじま・よしひこ）
　東京大学卒業後，株式会社京浜急行電鉄に入社。商業施設やホテルなどの開発に携わる。1999年，京浜急行電鉄を退職し，東洋大学短期大学観光学科に入職。その後，国際地域学部国際観光学科に異動。
　現在，東洋大学国際観光学部教授。博士（経営学）。
　専門は，サービス・マネジメント，人的資源論。
　著書は，『フル・サービス型ホテル企業における女性の人的資源管理』（学文堂），『サービス・マネジメント研究：わが国のホテル業をめぐって』（文眞堂）。

**内田　　彩**（うちだ・あや）
　明治大学文学部卒業，立教大学大学院 観光学研究科博士課程前期課程修了，立教大学大学院 観光学研究科博士課程後期課程修了。博士（観光学）。
　大阪観光大学，千葉商科大学などの専任教員を経て2019年より東洋大学に着任。
　現在，東洋大学国際観光学部准教授。
　専門は観光歴史学，観光行動論，温泉論。
　著書は，『宿泊産業論』（分担執筆，創成社），『新現代観光総論 第3版』（分担執筆，学文社），『日本観光研究学会　観光学全集4巻　観光行動論』（分担執筆，原書房），『観光の事典』（分担執筆，朝倉書店）など。

**黒崎　文雄**（くろさき・ふみお）
　京都大学工学部土木工学科卒業，ロンドン大学（UCL）バートレット大学院修了（MSc），リーズ大学（院）交通研究所修了（Ph.D.）。
　1988年から31年間，鉄道会社に勤務。2003年から3年間，国際鉄道連合（UIC）に出向。2019年に東洋大学に着任。
　専門は，交通経済，鉄道経営，土木計画。
　共著書は，*Handbook on Rail Regulation-Concepts and Practice*（Edward Elgar），*Reform of the Railway Sector and its Achievements*（European University Institute）など。論文は，"An Analysis of Vertical Separation of Railways"（リーズ大学（院）Ph.D.論文），「鉄道の上下分離に関する分析」（日本交通学会賞〔論文の部〕受賞）など。

**佐々木　茂**（ささき・しげる）
　明治大学商学部卒業，同大学院商学研究科博士後期課程単位取得満期退学。商学博士。
　高崎経済大学教授を経て，2017年に東洋大学に着任。
　現在，東洋大学国際観光学部教授。
　専門は，マーケティング，流通システム論，地域発国際戦略。
　単共著書は，『流通システム論の新視点』（ぎょうせい）（単），『地域マーケティングの核心』（同文館），『産業復興の経営学』同友館，『おもてなしを考える』余暇ツーリズム学会編，創文企画，『入門マーケティングの核心』（同文館）など。

**徳江順一郎**（とくえ・じゅんいちろう）
　上智大学経済学部経営学科卒業，早稲田大学大学院商学研究科修了。
　大学院在学中に起業し，飲食店の経営やブランディングのコンサルテーションを手がけつつ，長野経済短期大学，高崎経済大学，産業能率大学，桜美林大学などの非常勤講師を経て，2011年に東洋大学に着任。

現在，東洋大学国際観光学部准教授。

専門はホスピタリティ・マネジメント論，サービス・マーケティング論。

編著書は，『アマンリゾーツとバンヤンツリーのホスピタリティ・イノベーション』『ホスピタリティ・デザイン論』『ブライダル・ホスピタリティ・マネジメント』『宿泊産業論』（創成社），『ホテル経営概論』『ホスピタリティ・マネジメント』（同文舘出版），『セレモニー・イベント学へのご招待』（晃洋書房），『サービス&ホスピタリティ・マネジメント』『ソーシャル・ホスピタリティ』『数字でとらえるホスピタリティ』（産業能率大学出版部）など。

## 八木　京子（やぎ・きょうこ）

立命館大学産業社会学部卒業。早稲田大学大学院商学研究科専門職学位課程修了（MBA）。国内および海外のコンサート・プロモート会社にてマーケティング戦略統括，早稲田大学商学学術院総合研究所助手，東洋大学国際観光学部非常勤講師などを経て，2020年に東洋大学に着任。

現在，東洋大学国際観光学部講師。

専門はマーケティング戦略，エンターテインメントビジネス，ビジネスモデル論など。

著書に『インバウンド・ビジネス戦略』（共著・日本経済新聞出版社），『マーケティング実践テキスト』（共著・日本能率協会マネジメントセンター）など。

## 安宅真由美（やすみ・まゆみ）

青山学院大学文学部英米文学科卒業，立教大学大学院ビジネスデザイン研究科修了，MBA　修士（経営管理学）。

日系航空会社に17年勤務，杏林大学，相模女子大学などの非常勤講師を経て2020年より東洋大学国際観光学部専任講師。

専門は，組織内コミュニケーション，ホスピタリティ・マネジメント。

## 渡邉　勝仁（わたなべ・かつひと）

中学・高校6年間のアメリカ生活の後，帰国子女として青山学院大学国際政治経済学部入学。その後 University of Hawaii at Hilo に編入，言語学専攻卒業，California State University, Fresno 大学院 言語学・英語教授法専攻修了。広島大学大学院教育学研究科英語文化教育学分野専攻博士後期課程修了，博士（教育学）。

桜美林大学，関東学院大学，日本大学，麻布大学，などの非常勤講師を経て，2017年に東洋大学に着任。専門は異文化間コミュニケーション，英語教育，発音指導。現在，東洋大学国際観光学部契約制外国語講師。

論文のテーマは，「日本人大学生英語学習者に対する語頭子音連続発音指導の効果に関する研究」，「TOEIC リーディングセクション：ビジネスマネジメント学群2年生の高得点取得の究明」，「Effectiveness of Teaching Onset Consonant Clusters for Japanese University Learners of English」など。

一般社団法人グローバル・ビジネスコミュニケーション協会 理事。

日本実践英語音声学会 評議員。

（検印省略）

2021 年 9 月 25 日　初版発行　　　　　　　略称—ホスピ産業

# ホスピタリティ産業論

|  | 飯嶋　好彦・内田　　彩・黒崎　文雄 |
|---|---|
| 著　者 | 佐々木　茂・徳江順一郎・八木　京子 |
|  | 安宅真由美・渡邉　勝仁 |
| 発行者 | 塚 田 尚 寛 |

| 発行所 | 東京都文京区<br>春日 2 - 13 - 1 | **株式会社 創 成 社** |
|---|---|---|

電　話 03（3868）3867　　　Ｆ Ａ Ｘ 03（5802）6802
出版部 03（3868）3857　　　Ｆ Ａ Ｘ 03（5802）6801
http://www.books-sosei.com　振　替 00150-9-191261

定価はカバーに表示してあります。

組版：ワードトップ　印刷：エーヴィスシステムズ
製本：エーヴィスシステムズ
落丁・乱丁本はお取り替えいたします。